Mary-Kate and Ashley
Sweet 16

PREMIER BAISER

Vous aimez les livres de la série

Mary-Kate and Ashley Sweet 16

Écrivez-nous pour nous faire partager
votre enthousiasme :
Pocket Jeunesse, 12 avenue d'Italie, 75013 Paris.

Mary-Kate and Ashley
Sweet 16

Premier baiser

Emma Harrison

Traduit de l'américain
par Anne-Laure Malaval

Adapté par Marie-Suzel Inzé

POCKET
jeunesse

Titre original :
Never Been Kissed

Publié pour la première fois en 2002
par Harper Entertainment, États-Unis.

Loi n° 49 956 du 16 juillet 1949 sur les publications
destinées à la jeunesse : janvier 2005.

ISBN 2-266-14622-X

1

Mary-Kate

— Ça y est, Ashley ?

— Encore deux minutes, répondit ma sœur depuis la cabine d'essayage voisine.

Je m'examinai une nouvelle fois dans le miroir. J'étais top ! Le petit haut faisait ressortir mes yeux bleus et il s'accordait parfaitement avec le short en jean. C'était la tenue de rêve pour une soirée d'anniversaire !

— Ashley, tu en es où ? insistai-je. Je t'attends !

— J'essaie encore trois robes et j'arrive !

Je soupirai. Ce qu'elle était pénible ! Je m'affalai alors sur la chaise de la cabine. Le sol était jonché de vêtements. Je fermai les yeux. J'avais mis du temps, mais je tenais la tenue idéale. Cette soirée d'anniversaire allait être géniale !

Il fait un temps de rêve. Sur la plage, nos copines dansent sur les derniers tubes à la mode. D'autres s'éclatent dans les vagues. Papa s'occupe du barbecue et maman prend des photos. Ashley et moi, on joue au volley, et tout le monde nous regarde.

Notre gâteau d'anniversaire est gigantesque. Pour nos copines, une soirée comme ça, c'est du jamais-vu ! On danse autour du feu jusqu'à la nuit. Et puis, il y a des cadeaux, des tonnes de cadeaux...

— Mary-Kate, s'écria Ashley, j'y suis presque !

Je sursautai. J'étais si bien dans mon rêve...

— Prends ton temps, Ashley !

Ashley

La robe était longue, fluide, d'un bleu qui captait la lumière. Elle tombait magnifiquement bien et me faisait une silhouette de rêve. J'ai relevé mes cheveux en chignon et je me suis mise sur la pointe des pieds. Puis j'ai souri béatement au miroir.

« C'est bien, ma grande, pensai-je, tu as fait le bon choix ! Mary-Kate va adorer cette robe ! À tous les coups, elle va vouloir la même ! »

J'avais trouvé la tenue idéale pour une soirée idéale...

La salle de bal brille de mille feux. Les garçons sont en smoking et les filles en robe longue. Des serveurs superchics circulent avec des plateaux remplis de coupes de champagne et de petits fours. De magnifiques bouquets de fleurs décorent les tables.

Deux garçons beaux comme des dieux nous invitent à danser, Kate et moi. Papa et maman échangent un regard de fierté.

Un énorme gâteau d'anniversaire arrive.

Nous soufflons les bougies sous un tonnerre d'applaudissements...

— Ashley, tu te dépêches ou quoi ? grogna ma sœur.

Je souris à mon reflet. Tout allait bien ! L'anniversaire était dans deux mois et j'avais déjà trouvé la robe de mes rêves. Celle qui allait prouver que je n'étais plus une gamine, mais une femme.

— C'est bon, je suis prête !

— À trois, on sort ! reprit Mary-Kate.

— D'accord !

J'ajustai ma robe une fois de plus.

— Un...

— Deux... fit Mary-Kate.

— Trois !

Nous sommes sorties en même temps de nos cabines. Et nous avons éclaté de rire !

J'ai regardé le short en jean et le petit top de Mary-Kate.

— Il y a comme un problème, tu ne trouves pas ?

— Regarde-toi ! répondit-elle. On dirait Cendrillon !

— Merci ! Quant à toi... ton short et ton

haut sont sympas, mais je ne suis pas sûre que...

Je jetai un coup d'œil dans sa cabine. Elle n'avait pas essayé une seule robe de soirée !

— Mary-Kate, repris-je, tu t'imagines quoi comme fête, au juste ?

— Ben, une mégaboum sur la plage !

— Je te rappelle qu'on habite en Californie et qu'on passe notre temps sur la plage...

— Peut-être, mais on adore ça !

De toute évidence, nous n'étions pas sur la même longueur d'onde.

— Mary-Kate, repris-je, je te propose qu'on s'asseye quelque part et qu'on reparle un peu de cet anniversaire.

— D'accord !

Mary-Kate

Nous nous sommes installées au Starbuck Café et avons commandé des cafés glacés.

Ashley m'a regardé droit dans les yeux.

— Il faut qu'on se mette d'accord sur

cette fête. Je sais que tu aimes les trucs décontractés, mais là...

— Ça y est, répliquai-je. La superorganisatrice prend les choses en main.

Ashley sortit un calepin fluo et un stylo.

— Je ne suis pas plus organisée que la moyenne des gens !

— Ah bon ! lançai-je. Tu crois qu'il y a beaucoup de gens qui rangent leurs livres par ordre alphabétique et leurs vêtements par couleurs ?

— Peut-être que je suis un peu au-dessus de la moyenne... admit Ashley. Mais revenons à cette fête. Par quoi on commence ?

Je remontai la fermeture de mon pull et je la regardai bien en face.

— On est allées à des centaines d'anniversaires, non ? Tu te souviens des sacs surprises qu'on a eus chez Sherra Sintron ? Dedans, il y avait des CD et des appareils photo jetables.

— C'est vrai, c'était bien, ça... répondit Ashley tout en écrivant. On pourrait faire pareil, mais avec des cadeaux qui correspondent au thème de la soirée.

— Un thème ? On va trouver un thème

qui permette de porter à la fois une robe de bal et un short-T-shirt ?

Ashley soupira.

— Pas de panique, on va trouver le juste milieu !

— Oui, sûrement... fis-je en sirotant mon café glacé. Je regrette seulement d'être née si tard dans l'année. C'est superstressant de fêter son anniversaire en dernier !

— Notre fête va surpasser toutes les autres, affirma Ashley. Bon, on invite qui ?

— Voyons.... Je pense que ce serait plus sympa si on n'invitait que des filles.

— Tu crois ?

— Oui, insistai-je. Tu sais, aucune de nos copines n'a de petit ami officiel, et puis franchement, ce sera plus cool : on ne sera pas obligées de se surveiller tout le temps !

— Oui, je vois ce que tu veux dire, murmura Ashley. Le problème, c'est qu'on va avoir seize ans. Alors, une fête sans garçons, ça fait un peu... bébête, non ?

— Parce que tu crois qu'une fête avec des garçons, ce sera plus classe ? Ils passent leur temps à faire des concours de rots, tu parles d'un intérêt !

Ashley éclata de rire puis regarda vers l'entrée du café.

— Tiens, Lauren et Brittany !

Je me retournai. Nos deux meilleures amies arrivaient. Lauren était grande, avec de longs cheveux bruns bouclés. Elle avait un teint de pêche et était adorable avec tout le monde. Brittany, elle, avait les yeux noirs, des cheveux courts et crépus. Elle était afro-américaine. Elle critiquait tout... et le reste !

— Mary-Kate et Ashley au Starbuck Café ! fit Brittany. C'est dingue, ça !

— Comme quoi, tout arrive ! répliquai-je.

Lauren s'assit et jeta un coup d'œil sur le carnet d'Ashley.

— Des sacs surprises ? Pour quoi faire ?

— Nous préparons notre fête d'anniversaire, expliqua Ashley. Mais nous n'avançons pas vraiment...

— Ashley imaginait un grand bal habillé et moi un barbecue sur la plage, continuai-je. Alors elle avait choisi une robe de princesse, et moi, un adorable short en jean, avec un top, je ne vous raconte pas ! Et ce n'est pas tout : elle veut inviter des garçons et pas moi !

Brittany éclata de rire.

— Ça ne m'étonne pas ! De toute façon, vous n'êtes jamais d'accord sur rien !

— Ah bon ? répondis-je.

— Oui, mais ça a du bon, intervint Lauren. Quoi qu'il en soit, je suis sûre que ça va être une fête d'enfer. Rachel et Alex en parlaient encore l'autre jour. Tout le monde meurt d'impatience !

Brittany ricana.

— Je ne te raconte pas la pression !

Je haussai les épaules. Ashley et moi allions fêter nos seize ans de façon magistrale, un point c'est tout.

— Ça tombe bien, rétorquai-je, nous, on adore la pression !

Ashley attaqua une nouvelle page de son carnet.

— Et si on reparlait du thème ? Voyons... Quels sont les thèmes de fête que vous avez le plus aimés ?

Les yeux bleus de Lauren étincelèrent.

— La soirée sur Paris chez Mélanie était géniale. Vous vous souvenez ? La tour Eiffel, les guirlandes... Moi, j'ai adoré !

— Donc, un thème international, ça

pourrait être bien, reprit Ashley. Quoi d'autre ?

— Et pourquoi pas une soirée Broadway ? suggéra Brittany. Tu adores le théâtre et vous pourriez reconstituer un peu la ville, avec des affiches et des lumières, tu vois le genre ?

Ashley écrivait au fur et à mesure.

— Pas mal !

— On pourrait aussi faire un truc sur Hollywood, ajoutai-je. Avec des lettres géantes et un énorme tapis rouge !

— Ou alors sur Hawaï ! rétorqua Ashley. Chemises à fleurs, noix de coco, sable blanc...

— Et pourquoi pas une soirée Musique ? fit Brittany.

— Ou bien Mardi gras ? dit Lauren.

Soudain Brittany stoppa tout.

— Du calme, les filles ! Regardez qui voilà...

Je tournai la tête. Jake Impenna était debout près du bar. Jake avait dix-sept ans et était à Malibu depuis quelques mois seulement. Il faisait partie de l'équipe de baseball du collège et aussi de celle de basket.

Mais ce n'était pas tout... Nous étions dans le même cours de littérature et j'avais pu me rendre compte que Jake était un type fin et hypersensible. Bref, j'avais un vrai coup de cœur pour lui et mes copines le savaient. D'ailleurs, elles ne me quittaient pas des yeux...

Je soupirai. Il était vraiment trop craquant. Sa vieille casquette de base-ball lui allait à ravir et son T-shirt gris rappelait la couleur de ses yeux.

— Tu ne vas pas lui dire bonjour ? demanda Brittany.

Je me mis à rougir.

— Non, je n'ai pas spécialement envie de passer pour une abrutie !

— Et depuis quand tu as peur d'adresser la parole à quelqu'un ? continua Brittany.

— Depuis que ce quelqu'un s'appelle Jake... Il me faudrait au moins un quart d'heure juste pour lui dire « Bonjour ! ».

— Eh bien, commence à t'entraîner !

Je continuais de regarder Jake. Soudain mon cœur se mit à battre la chamade.

Sa tasse de café à la main, Jake se dirigeait vers notre table.

2

Mary-Kate

— Salut, tout le monde ! lança Jake en tirant une chaise. Bonjour, Mary-Kate !

— Salut... Jake... répondis-je.

Je ne savais plus où me mettre, mais apparemment Jake n'avait rien remarqué.

— Tu as écrit ton poème pour le cours ? me demanda Jake.

— Pas encore !

Je regardai mes amies.

— Nous devons rédiger un poème autobiographique. Et c'est loin d'être facile...

— C'est vrai ! approuva Jake. J'ai essayé plusieurs fois de m'y mettre, mais ça devient toujours très personnel. Et toi ?

— C'est exactement pareil ! répondis-je avec un petit rire nerveux.

En fait, chaque fois que j'essayais de me lancer dans ce fichu poème, des tas de trucs romantiques sur Jake me venaient en tête. Il était hors de question que j'écrive ça. Je n'allais tout de même pas lire un poème sur Jake devant tout le monde et devant lui en particulier ! Rien que d'y penser, j'en étais paralysée.

Un silence pesant s'abattit sur nous. Tous les regards étaient tournés vers moi.

— Toi, tu vas t'en sortir ! reprit Jake.

— Oh... merci ! bafouillai-je, incrédule.

— O.K., fit Jake en se levant. Alors bon courage pour ton poème ! À plus tard, les filles !

Jake s'éloignait déjà quand Britanny me secoua.

— Dis-lui quelque chose, bon sang !

— Je veux bien, murmurai-je, mais quoi ?

Lauren vola à mon secours.

— Au fait, Jake... On se demandait... tu vas à la fête de Todd Malone ce week-end ?

Je regardai Lauren avec gratitude.

Jake se retourna :

— Pas sûr... Je commence à être fatigué de toutes ces fêtes sur la plage...

J'étais consternée. Si Jake ne venait pas à cette fête, où était l'intérêt ?

— Tu sais, insista Ashley, tu devrais y aller. Les fêtes de Todd sont toujours géniales.

— C'est vrai, bredouillai-je en retrouvant soudainement un filet de voix. Ashley et moi, on n'en rate jamais une !

« Super, me dis-je. Ça, c'est un argument de choc ! »

Jake me regarda en souriant. L'espace d'une seconde, il n'y eut plus que lui et moi...

— Bon, d'accord, je viendrai !

Mon visage vira à l'écarlate. Je réussis à émettre un dernier son :

— O.K., alors on se verra là-bas !

Jake nous fit un petit signe de la main et sortit du café. Nous étions complètement excitées. D'habitude, je suis plutôt du genre à me contrôler, mais là, c'était trop !

— Vous avez entendu ça ? m'exclamai-je.

— Pas de doute, tu le fais craquer ! dit Brittany.

— Mais non, ça ne veut rien dire... dis-je en baissant la tête.

— Tu sais bien que si... affirma Ashley en riant. Il te dévorait littéralement des yeux !

— Il ira à la fête de Todd rien que pour toi, ajouta Lauren, c'est clair !

Un léger frisson de plaisir me parcourut le dos.

— Vous croyez vraiment ?

— Oui ! conclut Ashley en reprenant son calepin. Bon, alors, cet anniversaire... on le fait où ?

Britanny et Lauren lancèrent plusieurs idées. Quant à moi, j'étais ailleurs... Je ne pensais déjà plus qu'à la fête de Todd.

— Tu vas bien, Mary-Kate ? me demanda ma mère dans la soirée. Tu as l'air toute bizarre.

Nous allions passer à table. Ashley me donna un coup de coude. Je savais bien ce que ma mère voulait dire. Depuis que j'avais vu Jake, j'arborais un sourire niais. Je me repassais le film de cet après-midi au Starbuck, encore et encore. De toute évidence, Jake avait un faible pour moi. Dans le pire des cas, il avait envie de me voir à la fête de Todd, et ce n'était déjà pas mal.

— Tout va bien, maman, répondis-je, je suis simplement de bonne humeur.

— Ça tombe très bien, s'exclama mon père en s'installant, parce que j'ai de bonnes nouvelles à vous annoncer !

Son regard bleu pétillait. Papa est rarement d'humeur aussi enjouée en rentrant du travail. Il est cadre dans une grosse compagnie de disques et passe son temps à négocier d'énormes contrats avec des gens très occupés... Il était particulièrement stressé ces temps-ci à cause d'un festival de musique. C'était agréable de le voir de bonne humeur, pour une fois.

— Dis-leur, gloussa ma mère. Allez... ne les fais pas languir...

— Voilà ! Aujourd'hui, j'ai eu une réunion avec ce groupe, Rave...

— Attends une seconde ! l'interrompit Ashley en ouvrant de grands yeux. Vous avez signé avec Rave ? Mais c'est un de mes groupes préférés ! Papa, je t'en prie, dis-moi que tu vas nous les faire rencontrer !

Je retenais ma respiration. En effet, même si notre père fréquentait des tas de gens célèbres, Ashley et moi, on ne les voyait jamais. Notre père était très strict là-dessus, il ne mélangeait pas vie privée et vie professionnelle. Ce qui ne nous empêchait pas de tenter le coup chaque fois.

— Non, chérie ! rétorqua mon père. Mais j'ai mieux ! J'ai discuté avec leur manager, Wilson Miller. Il a travaillé avec nos artistes ces dernières années. C'est un type vraiment super.

Ashley et moi étions suspendues aux lèvres de papa. Il reprit une bouchée de pâtes.

— Et alors ? le pressai-je.

— Et alors, il se trouve qu'il me doit un service, reprit papa. Donc, quand il a su que mes filles allaient fêter leurs seize ans, il a proposé d'organiser la soirée. Gratuitement !

— Je n'y crois pas ! s'écria Ashley. Le manager de Rave préparerait notre soirée d'anniversaire !

— Est-ce que ça n'est pas extraordinaire, les filles ? demanda notre mère.

— C'est complètement dingue ! m'écriai-je.

Des images de fêtes pleines de stars me passèrent dans la tête.

— Ça va être la fête de l'année ! conclus-je.

— Oh, merci beaucoup, mon petit papa ! dit Ashley. Ce sera génial !

— Je vais organiser une réunion avec Wilson. Vous allez l'adorer !

J'avais toujours le même sourire idiot sur les lèvres. Mais cette fois-ci, ce n'était plus à cause de Jake...

Ashley

« Respire... » me dis-je.

Papa, maman, Mary-Kate et moi roulions vers les bureaux de Wilson Miller.

J'étais particulièrement stressée. Ce type était un superpro, il fréquentait les gens les plus célèbres de la planète. Mary-Kate et moi allions-nous faire le poids ?

Wilson sortit de sa maison pour nous accueillir. Son ranch à l'espagnole était construit à flanc de colline, caché sous les palmiers et les fleurs tropicales. J'essayai d'imaginer toutes les soirées grandioses que cette maison avait connues.

— Bienvenue au ranch ! s'exclama Wilson.

D'entrée, je le trouvai sympathique. C'était un type jeune et branché, vraiment mignon, genre éternel étudiant. Il portait un T-shirt noir, un vieux jean et une casquette rouge et bleue. Il était au téléphone et nous fit signe d'entrer.

— J'en ai pour une seconde, s'excusa-t-il. Carlos ? Oui, salut ! Je serai à Grand Caïman ce soir, c'est confirmé ! Mais je dois être à Aspen lundi... Oui, ça marche. Tchao, je te laisse, j'ai du monde... O.K., bye !

Il nous regarda avec un grand sourire.

— Il faudrait des journées de quarante-huit heures, vous ne trouvez pas ?

Mes parents approuvèrent en souriant. Il se tourna vers nous :

— Alors voilà les fameux petits monstres ! Mary-Kate et Ashley. Je sais tout sur vous...

Mary-Kate prit un air horrifié.

— J'espère que papa ne vous a pas fait le coup des photos de nous bébés ! Parce que, méfiez-vous, vous n'allez pas couper à la soirée diapos !

Wilson éclata de rire.

Je soupirai. J'aurais tellement aimé être comme Mary-Kate. Elle trouvait toujours le truc pour briser la glace.

— Bon, les filles, on a du boulot ! Je dois être parti dans moins d'une heure ! On y va ?

Nous le suivîmes dans son bureau.

— O.K., dit-il en s'installant dans son fauteuil. Il y a une chose qui doit être bien claire. Je travaille pour vous. Je suis là pour faire tout ce que vous voulez et le faire bien. En résumé, nous allons monter la soirée de vos rêves.

Je lançai un coup d'œil à Mary-Kate. On ne pouvait pas espérer mieux.

— Vendu ! s'exclama Mary-Kate. On signe où ?

— Pas de précipitation ! répondit Wilson en riant. Je vais d'abord vous montrer quelques photos des fêtes que j'ai organisées.

Il sortit un gros album photo et commença à le feuilleter. Je retins mon souffle. C'étaient les photos du mariage de Jenna Roddenberry, l'une des plus grandes actrices au monde, et Wilson Miller s'était occupé de son mariage !

— C'est dingue ! murmurai-je.

— Oh, pardon ! s'excusa Wilson. C'est un mariage, pas la peine de vous montrer ça !

Il tourna la page. Il s'agissait maintenant d'une boîte de nuit décorée pour Halloween. C'était fabuleux. Les murs étaient recouverts de toiles d'araignées géantes et d'insectes monstrueux, faits de crêpe orange et noir. D'énormes citrouilles sculptées étaient accrochées au plafond...

— Vous pensez vraiment à tous les détails, remarqua Mary-Kate.

— Les détails, c'est exactement ça, mon job ! Mais voyons des choses plus simples.

Wilson montra les photos d'une soirée

plus classique autour d'un thème tropical. Il y avait des fleurs fraîches partout, des parasols multicolores et des chaises en bambou. Les serveurs portaient des chemises hawaïennes, des shorts kaki et des sandales.

J'étais complètement emballée. Wilson était l'arme secrète qui allait faire de nos seize ans une fête à tout casser !

— Bon, cette fois, c'est sérieux : vous êtes engagé ! décréta Mary-Kate

— Génial ! s'écria Wilson.

Il regarda nos parents :

— Finalement ça n'a pas été si difficile !

— Bienvenue à bord ! plaisanta notre mère.

Wilson nous fixa.

— O.K., maintenant, allons droit au but ! Quel genre de soirée avez-vous choisie ?

Je repensai à nos cinq pages de notes. Nous n'étions pas encore fixées... Je me mordis les lèvres.

— Disons qu'on n'est pas encore tout à fait décidées....

— Nous ne sommes pas vraiment douées

pour prendre des décisions ! ajouta Mary-Kate.

— Je comprends, reprit Wilson en souriant. Mais le choix du thème est capital. C'est de lui que dépend la réussite de votre soirée.

« On est bien d'accord... » pensai-je.

— Je vous propose une chose, conclut Wilson en sortant un nouvel album.

L'album était rempli de cartons d'invitation.

— Emportez ça avec vous et essayez de trouver l'invitation qui vous plaît le plus, continua Wilson. C'est un bon point de départ pour trouver un thème.

— Super ! m'exclamai-je en prenant l'album.

— Génial ! Merci, monsieur Miller, dit Mary-Kate en se levant.

Wilson nous serra la main.

— Appelez-moi Wilson et contactez-moi dès que vous avez une idée. Je suis souvent à droite et à gauche, mais je suis toujours joignable sur mon portable. N'hésitez pas ! Votre fête est dans deux mois, nous n'avons plus de temps à perdre !

Wilson nous raccompagna à la voiture. Je n'avais plus qu'une idée en tête : rentrer à la maison et réfléchir à la fête. Avec Wilson à nos côtés, nous allions organiser la fête du siècle !

3

Mary-Kate

Une musique tonitruante montait de la plage.

— Malibu est d'un calme, le samedi soir... m'écriai-je en riant.

Je suivis Ashley, Lauren et Britanny dans l'escalier de bois qui contournait la maison de Todd. De là, on pouvait voir que la fête battait déjà son plein. Il y avait un grand feu de camp et des tas de gens autour. Todd s'occupait du barbecue. Quelques jeunes dansaient au bord de l'eau.

— Ça a l'air chouette ! repris-je.

— Oui, constata Lauren. Il semblerait qu'une fois encore Todd ait bien fait les choses !

Britanny me lança son sourire diabolique.

— Tu crois qu'il est arrivé ?

Mon estomac se serra.

— Qui ça, Todd ? répondis-je sans vraiment espérer tromper mon monde.

— Mais non, idiote ! firent-elles en chœur. Jake !

— Vous auriez dû crier encore plus fort. Je pense qu'à part les poissons un peu durs d'oreille, tout le monde a entendu !

— Désolée, Mary-Kate, dit Ashley en se mordant la lèvre. À partir de maintenant, plus un mot sur Jake, c'est promis !

— C'est trop gentil ! dis-je.

Mais à peine arrivée dans la foule, je me mis à chercher Jake. Au bout d'un moment, je l'aperçus près du buffet.

Son regard croisa le mien. Il me sourit et je me mis à rougir. Heureusement, j'étais près du feu, je pouvais toujours dire que c'était à cause de la chaleur.

Britanny m'attrapa la main.

— Regarde, il y a Tashema et Mélanie, allons danser !

— C'est bon, on y va ! dis-je en riant.

Lauren ne pouvait pas résister à une piste

de danse. J'entraînai Ashley et Lauren avec moi.

La sono se mêlait au bruit des vagues, c'était génial.

— C'est une superfête ! criai-je à l'oreille d'Ashley. Tu vois, c'est un peu ce genre de truc que j'imaginais pour nos seize ans.

— Ah oui ? Eh bien, pas moi ! On pourrait peut-être réfléchir à un compromis...

Soudain, je saisis le poignet de ma sœur. Paniquée, elle suivit mon regard. Jake Impenna se dirigeait vers nous.

J'étais paralysée.

« Qu'est-ce que je suis censée faire ? pensai-je. Avoir l'air contente de le voir ou l'ignorer ? Je ferais mieux de me sauver en courant ! »

Ashley me poussa du coude.

— Reste calme ! Continue de danser...

J'aurais bien voulu mais mes pieds ne répondaient plus !

Jake contourna encore un couple puis arriva près de nous :

— Hello ! C'est super, que vous soyez là !

— Ouais ! Je trouve aussi ! Enfin... je veux dire... c'est super que tu sois là aussi...

Je me mordis les lèvres. Il fallait que j'arrête de dire n'importe quoi ! Mais ce type me faisait trop d'effet ! Il était plus âgé que moi, beau, musclé, sympathique, enfin... parfait, quoi !

— Bref, je suis très contente de te voir ! dis-je finalement.

— Merci beaucoup ! s'esclaffa Jake.

Nous dansâmes quelques minutes côte à côte. Je commençais à peine à me détendre quand Ashley me tapota le bras.

— Je te laisse...

J'essayai de la rattraper, mais rien à faire ! Comment ma propre sœur pouvait-elle me faire un coup aussi tordu ? Jake allait penser que c'était fait exprès. Et il n'avait peut-être pas la moindre envie de se retrouver en tête à tête avec moi !

Je décidai de massacrer Ashley dès son retour. Mais tout à coup la musique hip-hop s'arrêta et le DJ enchaîna avec l'un de mes slows favoris. Sur la piste, il y eut un petit moment de flottement, mais très vite, les couples se reformèrent.

— On danse ? proposa Jake.

— D'accord !

Je mis mes bras autour de son cou et il posa doucement ses mains sur mes hanches. Décidément ce garçon était trop craquant... Je n'en revenais pas ! J'étais en train de danser un slow avec Jake ! J'aperçus Ashley près du DJ et je compris. C'était elle qui avait demandé un slow ! Finalement, je n'allais peut-être pas la tuer tout de suite...

Ashley me fit un clin d'œil complice. Je lui souris. Qu'est-ce que je deviendrais sans elle ?

Le slow prit fin et je quittai à regret les bras de Jake. Tout le monde se dirigeait vers le barbecue. J'hésitai un instant.

— Bon... dit Jake.

— Bon... répondis-je en souriant.

— Écoute, dit Jake. Je sais que c'est un peu direct, mais je voulais savoir... Tu sortirais avec moi un de ces soirs ?

Je l'ai regardé droit dans les yeux. Ses yeux gris semblaient sincères.

— Avec plaisir ! dis-je avec mon plus beau sourire.

Il avait l'air ravi.

— Super ! Que dirais-tu de vendredi soir ? On pourrait aller dîner et ensuite se faire un ciné. Qu'en penses-tu ? Je passe te prendre vers six heures ?

— C'est parfait ! répondis-je.

— Oui, c'est parfait ! Bon... je... te revoie un peu plus tard ? dit-il en s'en allant.

J'étais sur un nuage. Est-ce que Jake venait vraiment de me demander de sortir avec lui ? Je cherchai ma sœur des yeux. Elle était près du feu. Je me précipitai vers elle.

— Qu'est-ce qu'il t'arrive ? demanda Ashley.

— Il veut sortir avec moi ! soufflai-je. On se voit vendredi !

Ashley poussa un cri de victoire et m'embrassa.

— Je le savais ! J'en étais sûre !

— Merci. Tout ça, c'est grâce à toi ! Ton slow est arrivé juste au bon moment.

Ashley se mit à sourire. Elle avait vraiment l'air heureuse pour moi.

— Une sœur, c'est fait pour ça...

Ashley

Un peu plus tard, Mary-Kate et moi discutions devant un soda. Elle était complètement chamboulée.

— Tu ne te rends pas compte, je t'assure ! Jake n'est pas seulement une bête en sport. Tu verrais les trucs qu'il écrit pour notre cours, c'est un vrai poète.

— Il a l'air adorable ! lui répondis-je en sirotant. Je suis supercontente pour toi.

— Je sais... Je suis heureuse, tu n'imagines même pas ! Où est Britanny ? Je ne lui ai pas encore annoncé la nouvelle. Lauren, Mélanie et Tashema sont au courant, mais si Britanny l'apprend par quelqu'un d'autre que moi, elle va m'en vouloir à mort.

— Elle est là-bas en train de draguer Michael Gelb, dis-je en montrant la sono.

Brittany triait les disques avec Michael et elle riait comme une folle.

— Va lui raconter ! dis-je à Mary-Kate. Moi, je vais me chercher quelque chose à manger.

Je regardai ma sœur se précipiter vers

Brittany puis je fis demi-tour. Je percutai alors quelqu'un de plein fouet. Je parvins à garder l'équilibre, mais le malheureux alla valser sur le sable. Autour de nous, les rires fusèrent.

Je m'approchai.

— Excuse-moi, je suis vraiment désolée !

Ma victime s'assit et secoua le sable de ses vêtements.

— Ça va, il n'y a pas de mal ! répondit-il en me souriant.

J'étais comme hypnotisée. Ce garçon était vraiment mignon. Ses cheveux bruns en bataille lui tombaient sur les yeux. Des yeux du marron le plus profond que j'aie jamais vu !

Je l'aidai à se relever. Quand il prit ma main, mon cœur fit un bond.

— Tu es sûr que ça va ? lui demandai-je en retirant ma main.

— Y a pas de dégâts, dit-il en riant. Mais je vais prévenir mes potes de se tenir à distance !

Je ne pouvais détacher mon regard de son sourire canaille.

« Qu'est-ce qui te prend ? pensai-je. Dis

quelque chose, réagis ! C'est ton tour, d'être muette ? »

— Heu... tu as raison, c'est une bonne idée, balbutiai-je.

Il me regarda comme si j'étais folle.

— En fait, je plaisantais, tu sais !

— Oh ! Oh oui ! Je sais bien que c'était une blague. Mais je suis une catastrophe ambulante, alors... c'est sûrement une bonne idée de...

« Ashley, ça suffit ! Arrête ! » me dis-je.

— ... prévenir mes amis ? reprit-il. Pour qu'ils me prennent pour un dingue ?

J'éclatai de rire.

— C'est vrai, tu as raison !

— Bon, j'y retourne !

Il rejoignit en courant un petit groupe qui s'activait autour du DJ. J'allais ouvrir la bouche pour lui demander son nom, mais il était parti. Je cherchai alors mes amies des yeux. Je retrouvai Lauren assise à une table, en train de manger des cheeseburgers avec Tashema et Mélanie.

— Alors, quoi de neuf ? demanda Lauren.

— Pas grand-chose...

J'observai le mystérieux garçon qui se déchaînait sur la piste avec ses copains.

— Est-ce que quelqu'un connaît le type avec le T-shirt noir et le pantalon vert ? demandai-je.

Tashema secoua lentement la tête :

— Aucune idée, désolée. Pourquoi ? Est-ce que les jumelles se seraient mis en tête de trouver le grand amour le même soir ?

— Comment as-tu deviné ? plaisantai-je.

— Jamais vu ce garçon ! ajouta Mélanie en posant sa fourchette. Cela dit, il est supermignon, enfin, si on aime le genre un peu voyou. Il doit être au lycée d'Harrington.

— Oui, s'écria Tashema, ça se pourrait bien... Todd connaît plein de gens d'Harrington. Il a passé sept années là-bas.

Je m'assis près de Lauren. De là, je pouvais observer le bel inconnu.

Jamais je n'avais eu un tel coup de cœur ! Ça devait bien vouloir dire quelque chose... Et puis, après tout, Tashema avait peut-être raison. Si Mary-Kate avait réussi à trouver son bonheur ce soir, pourquoi ne trouverais-je pas le mien ?

4

Ashley

Mary-Kate était assise sur son lit. Je me suis affalée à côté d'elle.

— Bon, commençai-je, comment va-t-on rédiger notre invitation ?

J'ouvris l'album que Wilson nous avait prêté et sortis mon carnet « spécial fête d'anniversaire ».

Nous étions vendredi en fin d'après-midi. Nous voulions choisir l'invitation avant que Mary-Kate ne se prépare pour son rendez-vous avec Jake.

— Comme tout le monde... répondit-elle d'un air absent. On met la date, l'heure et l'endroit.

J'éclatai de rire et je donnai un coup d'oreiller à ma sœur.

— Ça ne va pas ! Qu'est-ce qui te prend ? Je sais très bien ce qu'on met sur une invitation. Je te demandais juste si tu avais une idée du ton qu'on allait lui donner. Est-ce que c'est une fête décontractée, normale ou très habillée ? Dis-moi, tu es sur quelle planète en ce moment ?

— Sur la planète « Jake » ! admit Mary-Kate. Désolée... Je vais essayer de redescendre sur terre !

— O.K., on règle juste ça et après on choisit ta tenue pour ce soir. Ça te va ?

— Ça marche !

Nous feuilletâmes l'album de Wilson, mais aucune de ces invitations ne nous emballait. Elles étaient toutes trop compliquées, trop simples ou trop niaises. Soudain Mary-Kate poussa un cri.

— C'est la bonne !

C'était un CD avec la photo d'une fille et toutes les informations sur sa soirée. On aurait juré que la fille était une vraie star et qu'elle avait enregistré le CD elle-même. Le graphisme et le lettrage étaient superbranchés. En voyant ça, on se disait tout de suite : « Wahou ! Cette fête va être mégacool ! »

— C'est génial ! dit Mary-Kate. Même la pochette est bien !

— J'ai l'impression qu'on a trouvé ! dis-je.

— C'est sûr ! Voilà déjà un truc que tu vas pouvoir rayer dans ton calepin, non ?

— Ha ha ha, fis-je.

Néanmoins je notai soigneusement le numéro de l'invitation sur mon calepin.

— Tout le monde va adorer ! repris-je.

— Hmm, il y a juste un petit problème, encore... Wilson a dit que le choix de l'invitation était... Comment a-t-il dit déjà ?

Je fronçai les sourcils :

— Capital ?

— C'est ça ! Le problème, c'est que cette invitation s'adapte à n'importe quel type de fête.

Mary-Kate avait raison. Nous avions une superinvitation, mais toujours pas de thème...

— Ben, on se penchera sur la question la prochaine fois, affirmai-je en attrapant mon agenda. Wilson avait téléphoné pour fixer quelques dates clés et je les avais notées.

— Il nous reste six semaines avant la fête,

continuai-je. On appelle Wilson demain pour lui donner la référence de l'invitation que nous avons choisie. Cela lui laisse tout le temps pour les commander. Et la semaine prochaine, on lui donne le thème et la liste des invités.

Je vérifiai dans mon agenda.

— Première leçon de conduite lundi prochain, m'exclamai-je. Premier pas vers la liberté !

— J'ai hâte de te voir au volant d'une voiture ! Braves gens de Malibu, mettez-vous à l'abri !

— Oh, ça va ! répliquai-je. Je ne suis peut-être pas très dégourdie sur la terre ferme, mais je suis persuadée que je ferai une excellente conductrice.

— Tu imagines ? continua Mary-Kate. Aller où on veut, quand on veut ! Ça va être génial !

Je m'allongeai sur le lit, les yeux rivés au plafond. Je nous imaginais roulant sur la côte dans le 4x4 de notre père... D'accord, c'était une voiture familiale, mais c'était toujours mieux que la vieille poubelle de notre mère.

— Oui, on pourra aller à la plage ou en ville sans maman. Tu voudrais aller où, la première fois ?

Mary-Kate ne répondit rien. J'insistai, mais sans succès.

Je me rassis.

— Mary-Kate ?

— Hein ? Quoi ?

Elle avait l'air complètement hagarde. Elle devait débarquer de la planète Jake... Je lui balançai un nouveau coup d'oreiller et me levai.

— Bon, lançai-je, il est temps de s'occuper de ta tenue pour ce soir !

Mary-Kate

Je me regardai dans le miroir.

— De quoi j'ai l'air ? demandai-je à Ashley.

Ma chambre était dans le plus parfait désordre. Il y avait des vêtements par terre, sur le lit, sur ma chaise... La plupart étaient à moi, certains à Ashley. Nous avions même fait quelques emprunts à maman...

— Tu es super ! dit Ashley.

Je portais mon dos nu lavande et le pantalon noir moulant préféré d'Ashley.

— Ce n'est pas un peu trop habillé ? insistai-je.

— Pas du tout ! Pour dîner et aller au ciné, c'est parfait !

— Et si on ne trouve rien à se dire ? continuai-je. Avec un peu de chance, nous n'avons rien en commun !

— Arrête un peu ! s'écria Ashley. Vous êtes dans le même lycée, vous connaissez les mêmes gens, et en plus vous allez au même cours de littérature.

— Oui, mais on ne peut pas parler du cours toute la soirée, quand même !

— Mary-Kate, ça ira ! Je ne t'ai jamais vue manquer de conversation dans un dîner.

Je m'assis sur le lit et je respirai à fond.

— Tu sais, Ashley, je voudrais tellement que ça colle ! Il me fait vraiment craquer ! Imagine que je me comporte aussi bêtement qu'au Starbuck. Je n'ai pas pu aligner deux mots !

Ashley s'assit près de moi et me passa un bras autour des épaules.

— Tu n'as aucun souci à te faire. Jake est déjà raide dingue de toi. Sinon, il ne t'aurait jamais proposé de sortir avec lui.

— C'est vrai, murmurai-je, le regard dans le vague.

— Tout ce que tu as à faire, c'est de rester naturelle !

— O.K. ! affirmai-je. Je reste naturelle. Mon premier vrai rendez-vous avec un type très beau et plus âgé va se passer à la perfection.

L'espace d'une seconde, je me sentis mieux. Et puis, tout à coup, une grosse bouffée d'angoisse me submergea.

— Ashley ! Qu'est-ce que je fais s'il essaie de m'embrasser ?

— Eh bien, tu te laisses faire !

— Arrête ! dis-je en me levant. Jake est plus vieux que moi et il a certainement déjà eu des tonnes de rendez-vous avec des filles. Mais s'il veut m'embrasser, je veux dire m'embrasser... vraiment ?

— Décompresse, Mary-Kate ! S'il veut t'embrasser, c'est simple. Je vais te montrer.

Elle me prit par les épaules et me regarda droit dans les yeux.

— D'abord, tu penches un peu la tête, comme ça.

Elle pencha un peu la tête sur la droite, j'en fis autant.

— On est totalement ridicules ! dis-je.

— Tais-toi ! Maintenant tu avances un peu la bouche. Comme ça.

J'éclatai de rire.

— S'il te plaît, Mary-Kate, c'est sérieux ! Allez !

— Mary-Kate ! lança ma mère du bas des escaliers. Jake est là !

— J'arrive ! criai-je.

Ouf ! Ma voix n'avait pas déraillé.

— Souviens-toi, reste naturelle ! souffla ma sœur. Et amuse-toi bien !

Je lui souris mais j'étais complètement sous pression. Être naturelle... c'était facile à dire !

— D'accord, Ashley. Merci !

J'attrapai mon sac et sortis de la chambre. Maintenant, c'était le tout pour le tout. Il fallait que ça marche !

5

Ashley

Un saladier de pop-corn sur les genoux, je regardais la télé en rêvassant. Comment Mary-Kate se sortait-elle de son rendez-vous ?

— Quelle heure est-il ? murmurai-je.

— Huit heures quatre ! répondit Britanny. Je te signale que tu as déjà demandé l'heure il y a deux minutes... Occupe-toi un peu du film ! C'est le meilleur passage !

Britanny et Lauren étaient venues à la maison pour regarder *Éternelle demoiselle d'honneur*, un de mes films préférés. Il y avait tout ce que j'aimais : de beaux garçons, de jolies filles et de sublimes robes de mariée !

Pourtant, j'avais la tête ailleurs. Je ne pouvais pas m'empêcher de penser à Mary-Kate et à son rendez-vous avec Jake. Ils avaient probablement déjà fini de dîner, sauf s'ils avaient dû attendre qu'une table se libère. Où l'avait-il emmenée ? Qu'est-ce qu'elle avait commandé ? Elle était tellement énervée avant de partir... J'espérais de tout mon cœur que tout se passait bien. Ce rendez-vous devait être une réussite, un point c'est tout !

J'essayai de me concentrer sur le film. C'était le moment où la demoiselle d'honneur ratait le mariage de sa meilleure amie.

— Tiens, lançai-je, c'est la partie du film que Mary-Kate préfère ! Elle connaît tous les dialogues par cœur.

Je soupirai.

— En fait elle me manque...

Britanny ronchonna.

— C'est dingue ! Vous passez vingt heures par jour ensemble, elle s'absente deux heures, et elle te manque !

— Je sais, dis-je en riant, c'est stupide !

— Moi, souligna Lauren, je trouve ça

plutôt touchant. J'adorerais être aussi proche de ma sœur...

Le film se termina peu après. Lauren éteignit la télé et s'étira.

— Décidément, j'adore ce film ! Le mariage de la fin est tellement beau ! C'est vraiment une fête comme on en rêve toutes, non ?

Britanny se redressa et secoua quelques miettes de pop-corn de son sweat-shirt.

— À propos de soirée, vous en êtes où, pour votre anniversaire ?

— On a déjà choisi l'invitation, répondis-je en reposant le saladier de pop-corn. Là-dessus, au moins, on est tombées d'accord tout de suite. Vous voulez la voir ?

— Évidemment ! s'exclama Lauren.

— Je reviens tout de suite.

Je fonçai dans ma chambre pour prendre l'album et je redescendis aussitôt.

Britanny et Lauren me firent une place sur le canapé.

— C'est génial ! s'exclama Lauren en voyant le CD.

— On a déjà choisi la photo qu'on allait mettre dessus. Et notre organisateur a prévu de faire enregistrer un message par Rave ! Ce seront donc les musiciens de Rave qui vous inviteront à notre fête !

— Rave ? Tu veux dire le vrai « Rave » ? Le groupe de filles ?

J'acquiesçai.

— Wilson est leur manager. Il peut faire ça sans problème.

— Wahou ! dit Britanny. C'est dément ! Même les mecs vont trouver ça génial ! Au fait, il y aura des mecs, à votre fête ?

— On n'a pas encore décidé là-dessus, maugréai-je. Mary-Kate penche plutôt pour une soirée entre filles. Et en fait, plus j'y pense, plus je me dis que c'est la meilleure formule.

— Absolument ! approuva Lauren. Qui a dit qu'on avait besoin de garçons pour faire la fête ?

— Parle pour toi ! protesta Britanny. Non, je plaisante...

Je repensai à Mary-Kate. J'espérais vraiment qu'elle passait une bonne soirée avec Jake. Je regardai l'heure encore une fois. À quelle heure le film avait-il bien pu commencer ? Je n'en pouvais plus d'attendre comme ça...

Mary-Kate

Nous étions installés dans un coin calme du *Giovanelli*, le restaurant italien le plus romantique de la ville. Décidément, Jake devait lire dans mes pensées ! Pour moi, un premier rendez-vous ne pouvait avoir lieu que dans ce genre d'endroit.

— Très bon choix, Jake. Je rêvais de venir dîner ici !

Pourtant, maintenant que j'y étais, je me sentais sur les nerfs. Je pensais à toutes les gaffes que je pouvais faire. Du genre renverser un verre ou me brûler avec la bougie. Je pris un morceau de pain. Des miettes s'éparpillèrent sur la nappe et sur mes genoux. Il y en avait partout ! Après ça, je n'osai plus toucher à rien.

— Alors, ce restaurant, tu en penses quoi ? répondit Jake en levant les yeux de son menu. Parce que, tu sais, si ça ne te plaît pas, on peut aller ailleurs.

À la lumière des bougies, il était plus mignon que jamais. Il portait une chemise bleue et un pantalon kaki, ses cheveux n'étaient pas tout à fait comme d'habitude. Il avait dû se mettre du gel. Est-ce qu'il savait à quel point il était super ? Et qu'il aurait pu inviter n'importe quelle autre fille du lycée ?

— Tu plaisantes ! Ce resto est super. J'adore !

Je fis un grand geste de la main. Ma cuillère valsa par terre dans un fracas étourdissant.

— Je t'assure, tout est parfait, dis-je plus sobrement comme si rien ne s'était passé.

En fait, je ne savais plus où me mettre.

Jake regarda la cuillère.

— Il vaut mieux que ce soit une cuillère qu'un hamburger ! dit-il en souriant.

— Oui, j'ai hésité un peu... répondis-je avec un petit rire.

Il but une gorgée d'eau et se replongea dans le menu. C'était dingue, ce qu'il avait l'air calme et détendu ! Pourquoi n'était-il pas aussi angoissé que moi ?

« Respire ! me dis-je. S'il n'arrive rien de plus grave que le coup de la cuillère, ce sera parfait ! »

J'étudiai la carte. Tout était écrit en italien...

— Vous avez choisi ? demanda le serveur.

— Mary-Kate, demanda Jake, tu prends quoi ?

J'avais à peine eu le temps de regarder le menu. Je choisis le premier plat qui me disait quelque chose.

— Je vais prendre des spaghettis.

— Très bien, mademoiselle ! Des spaghettis Bolognese, Marinara ou Primavera ?

— Heu... Primavera, s'il vous plaît !

Je lui tendis la carte précipitamment. La carte heurta mon verre et l'eau éclaboussa le serveur.

— Je suis désolée, vraiment, glapis-je.

J'aurais voulu disparaître sous terre !

Jake tendit sa serviette au serveur.

— Ce n'est pas grave, mademoiselle, dit gentiment le serveur en s'essuyant. Ça arrive tout le temps, vous savez.

J'eus un petit rire. Si tous les premiers rendez-vous ressemblaient à ça, il ne devait pas y avoir souvent de deuxième rendez-vous...

Jake passa sa commande et me regarda.

— Ça va ?

— Ça va. Mais tu devrais faire attention à toi. Qu'est-ce que je vais faire comme bêtise, maintenant ?

— C'est sympa de me prévenir, plaisanta Jake. Alors, dis-moi, comment tu t'en sors avec ce fameux poème ?

— Ne m'en parle pas ! Je n'ai encore presque rien fait. Et toi ?

— En fait, je n'espère qu'une chose, c'est que Mme Trauth ne nous fera pas lire nos œuvres devant toute la classe. Je déteste ça.

— Ah bon ? Je n'aurais jamais imaginé ! Tu as l'air tellement à l'aise en général.

— Tu plaisantes ? Je préférerais tirer des millions de paniers dans des matchs importants plutôt que de lire en public !

Je souris, éberluée. En fait, Jake était comme tout le monde, pas toujours très sûr de lui ! Je me redressai sur ma chaise en attendant qu'il poursuive. Mais un silence de mort s'abattit sur nous.

C'était à moi de relancer la conversation.

« Dis quelque chose, vite ! pensai-je. N'importe quoi. »

Jake était visiblement aussi mal à l'aise que moi. Il but un peu d'eau puis se racla la gorge.

J'avais les mains qui tremblaient. Qu'est-ce qu'il m'arrivait ! D'habitude, je pouvais faire la conversation à n'importe qui, à la petite dame de la mercerie comme aux gamins de cinq ans de l'école maternelle de maman. Pourquoi c'était le trou noir juste quand ça devenait important ?

C'est le serveur qui rompit le silence.

— Et voilà, dit-il en arrivant avec nos plats.

Il posa devant moi une énorme assiette de pâtes fumantes qui sentaient incroyablement bon, et devant Jake un plat de pâtes au poulet. Nous allions enfin sortir de cet horrible silence !

— Ça a l'air bon, dit-il en attaquant ses pâtes.

— Alors ? lui demandai-je en enroulant mes spaghettis autour de ma fourchette.

— Superbon ! Et toi ?

— Je vais te dire ça tout de suite !

J'approchai ma fourchette de ma bouche, mais la moitié des spaghettis retombèrent dans l'assiette. « Reste calme », pensais-je en préparant une nouvelle fournée. Hélas, les spaghettis pendaient lamentablement de ma fourchette ! Pas moyen de manger ces trucs correctement. Ça allait être une catastrophe.

Jake attendait mon avis. Je lui souris et portai bravement ma fourchette à la bouche, en priant pour que tout se passe bien. Mais deux ou trois spaghettis indisciplinés refusèrent de franchir le seuil de ma bouche. Je les aspirai bruyamment.

« Très classe pour une jeune fille ! » me dis-je.

— Alors, c'est comment ?

— Super ! marmonnai-je, la bouche pleine.

Malheureusement il était hors de question que j'en avale une bouchée de plus. Sinon, Jake allait être complètement dégoûté !

— Je me disais qu'on pourrait essayer de choper la séance de vingt heures trente d'*Off the Hook*, proposa Jake. Qu'est-ce que tu en penses ?

Je le regardais. Est-ce que c'était une blague ? *Off the Hook* passait pour être un film vraiment nul ! Hélas, Jake ne plaisantait pas.

— *Off the Hook* ? répétai-je.

— Oui, ça fait des mois que j'attends sa sortie. J'adore le réalisateur !

« Oh, non... me dis-je. Je me suis ennuyée à mourir avec le dernier film de ce type. Enfin, pas d'a priori... On ne sait jamais, ce film ne sera peut-être pas si mal. »

— Oui, pourquoi pas ? accordai-je. Ça peut être marrant !

— Génial ! Si tu veux bien, on pourrait zapper le dessert ici et prendre un truc au ciné.

— Oui ! Je t'avoue que je préfère mille fois un gros paquet de pop-corn et des nounours à une tarte Tatin.

— Des pop-corn et des nounours ! continua Jake. J'adore ça ! C'est toujours ce que je prends quand je vais au ciné.

— C'est vrai ?

Nous avions déjà un point commun : nous aimions les mêmes cochonneries.

Je me beurrai un morceau de pain. Finalement, ce rendez-vous allait peut-être bien tourner. Si l'on oubliait l'épisode catastrophique des spaghettis, évidemment... J'allais retenir la leçon : jamais de pâtes lors d'un premier rendez-vous.

J'étais assise dans le cinéma près de Jake et dévorais mes nounours. Comme je l'avais prévu, le film était supernul. Jake avait l'air de bien s'amuser. Il éclatait de rire sans arrêt.

Le bras de Jake frôla le mien et je frissonnai. Jake me regarda et sourit.

« Il est trop mignon... pensai-je. Et en plus, il sent bon... Après tout, je peux bien supporter un mauvais film. »

Je m'étais enfoncée peu à peu dans mon fauteuil. En me redressant, je lâchai mon paquet de nounours.

Le garçon devant moi se retourna, agacé.

— Je suis désolée, chuchotai-je.

Je me penchai pour récupérer les bonbons. Manque de chance, Jake se baissa en même temps que moi. Ce fut le choc !

— Hou là ! fit Jake en se frottant le front. Ça va, toi ? Excuse-moi...

— Ça va, ça va, répondis-je, un peu étourdie.

Jake me regarda d'un air grave. Je gardai le silence. Est-ce que c'était maintenant qu'il allait essayer de m'embrasser ?

— On s'en va ? me dit-il.

Je restai bouche bée. Il voulait partir ! Il en avait marre à ce point-là ?

« C'est évident, pensai-je. Tout va de travers depuis le début ; alors le coup des bonbons, c'est la goutte d'eau qui fait déborder le vase ! »

J'étais effondrée. Mais qu'est-ce que je pouvais faire maintenant ?

— Oui, si tu veux, dis-je le plus sereinement possible.

Il se leva et avança vers la sortie. Je le suivis en essayant de retenir mes larmes. Jake me plaisait depuis la première fois que je l'avais vu. J'avais eu ma chance et qu'est-ce que j'en avais fait ? J'avais tout fait foirer.

6

Mary-Kate

— Mary-Kate, dis-moi franchement : pas terrible, comme soirée, n'est-ce pas ?

Jake venait de se garer en face de chez moi. Il avait l'air tendu.

— Pourquoi tu dis ça ? protestai-je, un peu gênée.

Je soupirai.

— Bon, repris-je. C'est vrai que j'étais un peu nerveuse... Et si tu veux que je sois parfaitement honnête, le film m'a ennuyée. Mais j'étais contente d'être... avec toi !

« Là, Mary-Kate, tu vas trop loin ! » me dis-je.

— Moi aussi, j'étais content d'être avec toi... répondit Jake.

— Ouf ! murmurai-je. Tu me rassures vraiment !

Jake me jeta un regard en coin :

— Je me sens un peu bête d'avoir choisi ce film. Il était vraiment nullissime !

— Mais... je pensais qu'il t'avait plu ?

— Non, pas du tout ! J'ai ri parce que je ne voulais pas que tu penses que je m'ennuyais !

Je me suis tournée vers lui en souriant :

— Parce que tu pensais que moi, j'appréciais le film ?

Il y eut un silence puis Jake reprit la parole :

— Écoute, j'aimerais bien qu'on se revoie. Après les cours par exemple...

Me revoir ! Il veut me revoir !

— On n'a qu'à dire lundi, qu'en penses-tu ? m'empressai-je de répondre.

Jake fit la moue.

— Lundi, ça ne va pas être facile pour moi. J'emmène mon petit frère et ma petite sœur au parc, le lundi. C'est devenu très important pour eux, ce rendez-vous. C'est vrai que je peux annuler, mais...

— Pas question ! Je peux venir avec vous si tu veux, j'adore les enfants !

— Tu es sûre ? Tu sais, on ne va rien faire de bien extraordinaire !

— Je m'en doute ! Mais ça va être super. Je viens !

Jake souriait.

— Tu sais, je suis sûr que Caitlin et Tristan vont t'adorer.

Je n'en croyais pas mes oreilles. Non seulement Jake était mignon, mais en plus il s'occupait de son frère et de sa sœur. Fantastique, c'était un type fantastique !

— On partira directement après les cours, proposa-t-il. Ça te va ?

— Impeccable !

Je détachai ma ceinture de sécurité.

— Bon, ben, je vais y aller... Merci pour le dîner et la moitié de film...

— Je t'en prie !

Jake sauta de la voiture.

— Je te raccompagne jusqu'à la porte.

Mon estomac se serra. Le problème du baiser risquait de se poser... J'avançai alors rapidement vers la porte de la maison mais je me tordis la cheville. Jake me rattrapa au vol.

— Ça va ?

— Ça va, dis-je en me dégageant doucement.

Je jetai un œil vers la maison. Ashley était cachée derrière les rideaux. Je lui fis signe de disparaître.

— Ça n'est vraiment pas la peine que tu me raccompagnes... Tu sais, je fais ce trajet dix fois par jour et tout se passe bien !

— O.K., alors je vais te laisser ici... et t'embrasser tout de suite.

Au moins, il allait droit au but ! J'adorais ça ! Il s'approcha. Mon cœur faisait des bonds incontrôlables. Je crus que j'allais mourir sur place.

Jake avança ses lèvres vers les miennes. À ce moment, quelque chose bougea derrière une fenêtre de la maison. Je tournai la tête et, du coup, le baiser de Jake se posa sur... le lobe de mon oreille !

— Oh, pardon ! marmonnai-je alors qu'il s'écartait. Je suis désolée !

Il était aussi gêné que moi. Nous éclatâmes de rire.

— Bon, alors on se voit lundi ? demandai-je.

— Lundi, comme convenu !

Je me dirigeai vers le perron de la maison, puis me retournai vers Jake.

— Au fait, Jake, merci pour cette soirée... Je l'ai trouvée... plutôt... intéressante.

— Intéressante, oui. C'est le mot juste !

Jake souriait. Il était content de sa soirée.

Je fis volte-face et rentrai à la maison.

Ashley

Mary-Kate franchit le seuil de la porte. Je l'entraînai aussitôt dans le salon.

— Alors ! Comment ça s'est passé ? Le resto était bien ? Quel film avez-vous vu ?

Nous nous sommes installées dans le canapé. Les yeux de Mary-Kate brillaient. De toute évidence, la soirée avait été merveilleuse.

— Alors... commença-t-elle. Nous avons dîné au *Giovanelli* et j'ai pris des spaghettis. Une chose que je ne referai plus jamais de ma vie. Chaque fois que j'en avalais un, la sauce giclait de partout. Et ça, c'était après avoir renversé mon verre d'eau sur le serveur et fait valser ma cuillère à travers la salle.

— Tu peux me redire tout ça, s'il te plaît ?

— Laisse tomber ! Après, il y a eu le ciné. Le film le plus nul que j'aie jamais vu : *Off the Hook* ! Ensuite, j'ai fait tomber mon sac de bonbons, et Jake et moi, nous nous sommes cogné la tête très fort. Du coup on a décidé de rentrer. Enfin, quand il a voulu m'embrasser, j'ai tourné la tête. Il n'a embrassé que mon oreille.

Sidérée, je fixai Mary-Kate. Elle me racontait tout ça comme si c'était l'histoire la plus romantique du monde.

— Heu... Mary-Kate ?

— Oui ?

— Il y a un truc que tu dois m'expliquer : cette soirée est apparemment un désastre, mais tu as l'air aux anges ?

— C'est tout à fait ça ! s'exclama-t-elle. Il y a bien eu deux ou trois silences interminables, mais à part ça, tout s'est passé à la perfection. Pour te dire : il m'a même demandé de ressortir avec lui !

C'était super de la voir aussi heureuse.

— Parfait, repris-je. Alors, je suis contente que ta soirée se soit aussi mal passée... Jake a l'air d'être un type vraiment sympa.

— Tu ne peux pas savoir ! Je ne vais jamais pouvoir attendre jusqu'à lundi pour le revoir !

Elle se pencha et attrapa le saladier de pop-corn à moitié vide.

— Et toi, ça s'est bien passé avec Lauren et Britanny ?

— Oui, on a regardé *Éternelle demoiselle d'honneur* et on s'est bourrées de saletés. Enfin, tu connais... Et puis je leur ai montré l'invitation, elles ont adoré !

— Très bien ! dit Mary-Kate en allongeant ses jambes sur la table basse. J'ai hâte de faire partir ces invitations.

— Lauren et Britanny sont folles de rage à l'idée que nous apprenions à conduire. Mais je leur ai promis que nous les emmènerions où elles voudraient jusqu'à ce qu'elles obtiennent leur permis [1]. Tu te rends compte, notre premier cours de conduite, c'est lundi !

Mary-Kate se frappa le front.

— Oh non ! J'ai dit à Jake que je l'accompagnerais au parc lundi ! J'avais complètement oublié l'auto-école !

— Et alors ? Tu n'as qu'à lui téléphoner et lui dire que tu ne peux pas.

— Impossible ! J'ai promis ! On doit emmener son frère et sa sœur au parc. Après toutes les embrouilles de ce soir, je ne peux pas me décommander. Il va penser que je suis complètement folle.

— Alors, qu'est-ce que tu vas faire ? Sécher la leçon de conduite ?

Mary-Kate mâchonnait son pop-corn.

— Attends une minute ! Il n'y avait pas des cours le mardi et le jeudi ? On n'a qu'à s'inscrire à ceux-là.

— Non, le mardi, j'ai théâtre. C'est pour cela qu'on avait choisi lundi et mercredi, tu te souviens ?

1. Aux États-Unis, le permis de conduire peut être délivré à partir de 16 ans.

Mary-Kate fit la moue.

— Bon, alors je n'ai plus qu'à changer mes horaires. Nous ne prendrons pas nos leçons ensemble, voilà tout !

J'étais consternée. Mary-Kate et moi avions toujours tout fait ensemble, et là, sur un truc vraiment important, elle faisait cavalier seul !

— Ashley ? fit-elle. J'ai raison, non ?

Non, elle n'avait pas raison du tout ! J'aurais voulu le lui hurler mais elle avait l'air si heureuse. Je n'allais pas en faire toute une histoire et lui saper le moral.

— Aucun problème, répondis-je en souriant hypocritement.

— Parfait, dit-elle en allumant la télévision. Quand tu rentreras de ta leçon, lundi, tu me diras ce qu'ils t'ont fait faire. Je veux savoir à quoi m'attendre.

— Oui, évidemment.

Je m'allongeai dans le canapé. Je n'arrivais pas à croire qu'elle puisse me lâcher aussi facilement. Elle qui était censée m'épauler en toute occasion ! Cette première leçon de conduite m'angoissait vraiment. Et l'idée de m'y rendre seule m'angoissait encore plus.

7

Ashley

Le lendemain matin, ma première pensée fut pour Mary-Kate et la façon dont elle m'avait laissée tomber. Mais je décidai de chasser cela de mon esprit. J'avais mieux à faire : il fallait établir la liste des invités pour notre anniversaire ! Rien qu'à l'idée de cette soirée, je me sentais déjà beaucoup mieux. Je sautai du lit et passai ma petite robe rose préférée. Je pris mon calepin et mon stylo et sortis de ma chambre. Au même moment, Mary-Kate surgissait de la sienne les cheveux en bataille et les marques de l'oreiller encore toutes fraîches sur la figure. Elle avait l'air d'un vrai zombie.

— Ça sent le pain grillé, dit-elle en bâillant.

— Alors, qu'est-ce qu'on attend pour y aller ?

Nous dévalâmes les escaliers en riant. Arrivées dans la cuisine, nous nous assîmes à nos places habituelles. Notre mère nous observait derrière sa tasse de café et souriait.

— Vous avez faim ? dit-elle.

— Quelle question ! répondit Mary-Kate.

Notre père apporta une assiette pleine de toasts tout chauds.

— Je savais que l'odeur du pain grillé vous ferait sortir du lit !

Je pris deux tranches et passai l'assiette à Mary-Kate. Puis j'ouvris mon calepin et dis :

— Bon... Si on parlait de la liste des invités ? On met qui ?

— Eh bien, Lauren et Britanny pour commencer !

— Évidemment ! dis-je en dévorant le pain grillé.

Je notai les noms de nos amies.

— Qui d'autre ? continuai-je.

— Diana, Marci et Rachel, ajouta Mary-Kate.

— Sans oublier toutes celles qui nous ont invitées à leur propre anniversaire. Tashema, Krista, Mélanie et Sherra.

— Mais, attendez une minute, lança papa, il n'y a que des filles sur cette liste. Vous ne voulez pas inviter quelques garçons ?

— En fait... commençai-je en regardant Mary-Kate, nous ne sommes pas encore très fixées là-dessus.

— Moi, affirma Mary-Kate, je pense qu'on ne devrait pas inviter de garçons. Ils sont tellement gamins ! En plus, certaines de nos copines changent complètement d'attitude quand il y a des garçons aux alentours. Elles passent leur temps à se demander s'ils les regardent, s'ils les trouvent mignonnes... Une fête de filles, ce sera plus cool !

Pendant que Mary-Kate exposait sa théorie, je réfléchissais. Nos copines n'étaient pas les seules à se focaliser sur les garçons dans des cas comme celui-là ! Il suffisait de penser à Mary-Kate chez Todd Malone.

Dès le début de la soirée, elle n'avait pensé qu'à Jake. Quant à moi, ce n'était pas vraiment mieux. J'avais passé la moitié de la soirée à chercher qui était le garçon que j'avais fait tomber. Je souris en repensant à son air canaille. Il avait vraiment beaucoup de charme.... Si nous décidions d'inviter des garçons à notre fête, je voudrais qu'il soit mon cavalier ! Mais ça ne risquait pas d'arriver. Je ne connaissais même pas son nom !

— Hé ! s'écria Mary-Kate. Et si on faisait un truc autour du thème « femmes au pouvoir » !

— Pas mal, dis-je en notant. On pourrait imaginer une déco sophistiquée avec des photos de grandes personnalités féminines...

— Une seconde, les filles ! lança maman. Ça veut dire que vous n'avez pas encore choisi le thème de votre soirée ?

Ma sœur et moi, on s'est regardées, mal à l'aise.

— En fait, on n'a pas vraiment pris le temps d'y réfléchir, dit Mary-Kate, soudainement très absorbée par le nettoyage de son assiette avec un morceau de pain.

Maman se renversa sur sa chaise en secouant la tête.

— Les filles, vous feriez mieux de vous concentrer là-dessus au lieu de vous perdre dans les détails. Votre anniversaire est dans six semaines à peine. Il va y avoir plein de choses à faire une fois que vous aurez envoyé les invitations : choisir un lieu, par exemple...

— Pour le lieu, c'est bon ! glapit Mary-Kate. Hein, Ashley ?

— Oui, c'est vrai, dis-je en souriant. La fête aura lieu ici, à la maison.

Maman sourit. Elle semblait émue.

— Ben oui, dit Mary-Kate avec un sourire jusqu'aux oreilles, si la fête a lieu à la maison, on ne sera pas obligées de virer tout le monde à une heure précise.

— Néanmoins, remarqua papa, si ça dure toute la nuit, je ne pense pas que les voisins apprécient.

— Non, bien sûr ! Ce que je voulais dire, c'est que nous ne sommes pas bloquées par un horaire de fin de location de salle.

Nos parents se regardèrent en souriant.

— Tu penses vraiment que je vais livrer

ma maison à une bande d'adolescents déchaînés ? dit ma mère.

— Oh, maman ! Je t'en prie ! supplia Mary-Kate.

— Je plaisante. Évidemment, vous pouvez organiser cette fête à la maison !

— Dis-moi, Mary-Kate, repris-je, si on revenait au problème « garçons ou pas garçons » ? Je comprends bien ton point de vue, mais tu es sûre de ne vouloir vraiment inviter aucun garçon ? Je veux parler de...

À ce moment, le téléphone sonna.

Papa décrocha.

— Oui, qui est à l'appareil ? Hmm... Mary-Kate ? Je vous la passe...

Il tendit le récepteur à Mary-Kate.

— C'est Jake !

Le visage de Mary-Kate s'illumina, elle attrapa le téléphone et s'éloigna.

— Salut ! Tu vas bien ?

J'étais un peu agacée. Nous étions en pleine conversation, après tout !

— En fait, je crois que tu as raison, criai-je à Mary-Kate. On va faire une fête sans garçons !

— Très bien, dit ma mère en se levant. Mary-Kate sera ravie que tu lui donnes raison.

— Je vais le dire à Wilson tout de suite, dis-je en emportant mon assiette.

— Vas-y, prends mon portable.

Je n'allais pas attendre que Mary-Kate ait terminé sa conversation pour lui dire que j'étais d'accord sur son thème « Les filles au pouvoir ». Elle serait forcément contente.

Mary-Kate

— Jake, je n'y crois pas ! Tu es déjà sorti faire un tour, tu as donné à manger au chien et tu as fait la vidange de ta voiture ?

— Ben oui, pourquoi ? Qu'est-ce que tu as fait, toi, ce matin ?

— Heuu... répondis-je en m'écroulant sur le canapé. J'ai d'abord beaucoup bâillé, puis j'ai mangé du pain grillé... Ah si ! J'oubliais... Ashley et moi, on a commencé à dresser la liste des invités pour notre anniversaire !

— Ah oui ? fit Jake. Et j'y suis, sur cette liste ?

— C'est que... répondis-je. Il faut que je vérifie...

Je n'allais pas dire à Jake que j'avais prévu un anniversaire sans garçons, il allait me prendre pour une gourde !

Jake éclata de rire et pris ma réponse pour une petite provocation.

— Alors, si je comprends bien, je n'ai plus qu'à être très gentil avec toi... Ça tombe bien, c'est ce que je comptais faire !

Tout à coup, je n'étais plus sûre de rien. Ashley n'avait peut-être pas tout à fait tort... Une fête mixte pouvait très bien s'envisager. Surtout si j'avais Jake comme petit ami... Je m'imaginais avec Jake ce soir-là. Il était magnifique en smoking et moi j'étais divine dans la robe bleue qu'Ashley avait repérée. Il m'invitait à danser et tous les regards admiraient le couple parfait que nous formions. Finalement, compte tenu de la présence de Jake, une soirée romantique était sans doute la meilleure chose à faire. Je m'étais sans doute un peu précipitée en proposant cette idée de fête de filles...

— Vivement lundi ! soupira Jake. On se retrouve au foyer après les cours ?

— Ça me paraît bien, oui.

— Super ! Alors, à très bientôt, Mary-Kate !

— À lundi !

Je raccrochai et revins dans la cuisine. Ashley était au téléphone.

— C'est cela, Wilson, une fête spéciale filles. Le thème sera « Les filles au pouvoir » !

« Aïe ! pensai-je. Mais qu'est-ce qu'elle raconte ? »

Ashley se tourna vers moi et leva le pouce pour me féliciter. Elle souriait et, de toute évidence, pensait que j'étais ravie...

— Mary-Kate, demanda ma mère, quelque chose ne va pas ?

J'allai rejoindre ma mère près de l'évier.

— Oui, chuchotai-je. Je ne comprends pas qu'Ashley téléphone à Wilson sans m'en parler... On n'avait pas encore pris de vraie décision !

— Mais je pensais que ça te ferait plaisir qu'Ashley retienne ton idée. Elle voulait vraiment inviter des garçons, tu sais ! C'est très généreux de sa part d'avoir respecté ton point de vue.

« O.K., pensai-je, mais ce n'est plus mon point de vue ! » Mais évidemment, Ashley ne pouvait pas le deviner...

— Merci beaucoup, Wilson, et à bientôt !

Ashley raccrocha et se tourna vers nous avec un grand sourire.

— Il adore ! Il n'a jamais organisé une fête comme ça, mais il a déjà plein d'idées !

— Génial ! dis-je en me forçant à sourire.

— C'est super ! continua Ashley. Je me sens beaucoup plus légère maintenant !

Elle se précipita à l'étage pour prendre une douche. Je repensai à mes rêves. Envolé le grand bal romantique avec des garçons en smoking ! Je croisai les doigts. Pourvu que Jake comprenne...

8

Mary-Kate

Lundi, treize heures. Ashley et moi faisions la queue à la cafétéria du lycée. Une des serveuses remplissait l'un des bacs d'une mixture complètement écœurante. Elle leva les yeux et nous sourit.

— Vous voulez goûter le pain de viande ? demanda-t-elle en plongeant sa louche dans le mélange.

— Ça, du pain de viande ? lançai-je. Vous plaisantez !

Nous avons pris des macaronis au fromage et sommes passées à la caisse.

— Au fait, dit Ashley, j'ai apporté des magazines. On pourrait y jeter un coup d'œil pour trouver des idées de fringues pour l'anniversaire.

— Très bonne idée ! Parce que le plan robe longue-minishort, il faut oublier, je crois.

Lauren, Britanny, Tashema et Mélanie étaient déjà installées à notre table habituelle.

— Salut, les filles ! lança Ashley en s'asseyant.

— Bonjour ! répondit Britanny. On était en train de dire qu'on irait chez Lauren ce soir, pour regarder l'épisode spécial de « Spencer Academy ».

— Vous voulez venir ? demanda Lauren en avalant une bouchée du fameux pain de viande. Je me demandais comment elle avait pu choisir ça. Trop gentille, vraiment !

— Moi, je viens ! lança Ashley. Si je rate cet épisode, j'en mourrai ! Avec toutes les bandes-annonces qu'ils nous passent depuis des semaines !

— Ashley, rétorquai-je, je croyais que ce soir tu m'aidais pour la géométrie ?

Je ne voulais pas la priver de « Spencer Academy », mais la géométrie n'était pas précisément mon fort. Ashley, elle, était superdouée.

— Ah oui, c'est vrai ! dit Ashley sans hésiter. J'avais complètement oublié ! Désolée, les filles, ce sera sans moi !

— Merci beaucoup, Ashley ! murmurai-je.

— C'est normal, fit-elle tout en sortant ses magazines. Bon, je me disais qu'on pourrait regarder ce qui se fait et...

— C'est quoi, ça ? demanda Tashema en désignant les journaux avec sa fourchette. Tu as besoin d'emporter de la lecture quand tu déjeunes avec nous ? On t'ennuie à ce point-là ?

Tout le monde éclata de rire. Ashley rougit légèrement.

— Non, c'était juste pour avoir une idée de ce qu'on allait se mettre pour notre fête. L'autre jour, on a fait les magasins et j'ai choisi une robe longue...

— Et moi un short et un petit top ! terminai-je. Bref, on n'était pas du tout sur la même longueur d'onde !

— Vous n'avez qu'à trouver un compromis ! suggéra Mélanie. Genre un pantalon vraiment classe et un petit haut sexy, par exemple !

Mélanie commença à feuilleter un magazine.

— Un truc à paillettes ou avec du strass, continua-t-elle. Ou peut-être tout simplement une robe courte plutôt qu'une longue ?

Mélanie était la plus branchée de nous toutes. Son père parcourait la planète pour son travail. Il lui rapportait toujours de Paris, Milan ou Tokyo les derniers trucs à la mode. Ashley et moi avions bon goût mais, au moindre doute, nous foncions chez Mélanie pour avoir son avis.

Britanny prit un des magazines et le feuilleta rapidement.

— Et pourquoi pas un truc dans ce genre ?

La photo montrait un groupe de filles qui discutaient dans une fête du genre serpentins et confettis. Il y avait quelques garçons sur la photo. Ils portaient des costumes chics et décontractés. L'un d'eux ressemblait même un peu à Jake. Je ne pus m'empêcher de penser qu'il aurait eu une allure d'enfer habillé comme ça.

— Oui ! C'est absolument parfait, ça ! dit Mélanie en s'emparant du journal. Vous seriez super, les filles, dans la robe bordeaux. Ou même dans la rouge, d'ailleurs.

— La rouge est géniale ! s'écria Ashley.

La robe était recouverte d'un voilage noir et arrivait un peu au-dessus du genou. C'était moins conventionnel que la robe longue qu'elle avait repérée la première fois.

— Et celle-là, vous en pensez quoi ? demandais-je en désignant une robe bleu électrique avec des bretelles en perles.

— Je la trouve parfaite pour toi ! fit Ashley. C'est super de s'habiller chic une fois de temps en temps !

— Super pour les filles... remarqua Tashema en jetant un coup d'œil à la photo. Si nous portons ce genre de trucs, les garçons vont devoir faire un effort.

— Ils vont littéralement adorer, dit Mélanie, toujours sarcastique.

— Les garçons, on s'en fiche ! lança Ashley en rangeant le magazine. Il n'y aura que des filles, à notre anniversaire !

À cet instant, je frôlai le malaise. Et dire

qu'il fallait que j'annonce ça à Jake ! Mon estomac commença à se nouer.

— Ah bon, et pourquoi ? demanda Mélanie, interloquée.

— Pas la peine de prendre cet air catastrophé, répliqua Britanny. On survivra, tu sais !

— Évidemment qu'on survivra ! approuva Ashley. En fait, c'est une idée de Mary-Kate. Elle pense que, sans garçons, notre fête sera un peu plus glamour... un truc de filles, quoi !

« Ashley, n'insiste pas ! » pensai-je. Mais pourquoi avais-je eu une idée pareille ? Si jamais Jake ne venait pas à la soirée de mes seize ans, je ne pourrais m'en prendre qu'à moi-même. Quelle catastrophe, juste le jour le plus important de toute ma vie !

— Ce n'est pas idiot, dit Tashema. C'est même plutôt une bonne idée !

— Alors on est d'accord, Mary-Kate ? conclut Ashley en souriant. On se la joue un peu habillé quand même sur ce coup-là ?

— On est d'accord ! répondis-je en me forçant. Il faudrait qu'on fasse les magasins très vite !

Mon cœur ne fit qu'un bond quand Jake

entra dans la cafétéria. Il chercha notre table du regard puis se dirigea droit vers nous ! J'avais le souffle coupé.

— Bonjour, les filles ! lança Jake en arrivant.

— Salut, Jake ! répondirent mes copines en chœur. Et elles se mirent à glousser bêtement en se lançant des regards en coin.

— Elles sont toujours comme ça, tes copines ? me demanda Jake, amusé.

— Non, mais aujourd'hui, elles ont un peu forcé sur le café.

— Ah ! O.K., je comprends mieux. Mon frère et ma sœur aussi sont surexcités à l'idée de te rencontrer.

Ashley poussa alors un énorme soupir. Elle fixa son assiette, l'air revêche. Bizarre ! Une minute plus tôt, elle était totalement déchaînée à propos des robes de soirée.

— J'ai hâte de les voir aussi, dis-je à Jake.

— Super ! De quoi vous parliez avant que j'arrive, les filles ?

— On mettait au point quelques détails pour notre fête, répondit Ashley en jouant avec le petit cœur qu'elle portait en pendentif.

Ashley regardait à peine Jake en lui parlant. Elle avait l'air en colère contre lui. Mais pour quelle raison ?

— Ah oui ! Cette fameuse fête d'anniversaire ! Heu... en fait, Mary-Kate, j'étais venu pour voir si tu voulais bien déjeuner avec mes copains et moi. Sauf, évidemment, si vous êtes très occupées...

Un sourire éclaira mon visage. Jake Impenna m'invitait à déjeuner avec lui. Si j'acceptais, tout le monde se douterait de quelque chose ! Je regardai mes amies. Visiblement, elles pensaient comme moi.

— Oh non, dis-je, au contraire, j'arrive ! Ashley et moi, on peut se parler à un autre moment.

— Super, dit Jake. Salut, les filles. À plus tard !

Il attrapa mon plateau et commença à se faufiler entre les tables.

— À plus tard, Jake ! fit le chœur.

En partant, je me retournai vers Ashley. Son sourire était bizarre... Qu'est-ce qu'elle avait ? Ça ne pouvait tout de même pas être bien grave. Il faudrait que je lui demande tout à l'heure...

Ashley

Je regardai Mary-Kate partir avec Jake. Je me sentis très mal. Encore une fois, elle se défilait alors que nous étions en train de discuter de notre soirée. Et encore une fois, c'était à cause de Jake. Cette soirée était notre soirée à toutes les deux et elle ne prenait même pas deux minutes pour en discuter. À croire qu'elle s'en fichait complètement !

— Ça va, Ashley ? demanda Lauren en regardant mon assiette toujours pleine.

— Ça va, mais je n'ai pas très faim, en fait. Et puis la cuisine de la cafétéria n'est pas terrible.

— Mary-Kate va faire la connaissance du frère et de la sœur de Jake ? Le mariage est pour bientôt, alors ! plaisanta Britanny. Et c'est prévu pour quand, cette rencontre au sommet ?

— Cet après-midi, dis-je en me forçant à sourire.

— Attends un peu, continua Brittany. Vous n'êtes pas censées être à l'auto-école, cet après-midi ?

À ces mots mon stress revint en force. Depuis ce matin, je ne pensais qu'à ça : aller à l'auto-école toute seule !

— Ashley ! Allo ? Je te parle ! Vous y allez, à ce cours, oui ou non ?

— Oui, oui. Enfin, moi, j'y vais ! répondis-je avec une amertume à peine dissimulée. Mary-Kate a changé ses jours, elle ira le mardi et le jeudi. Donc je me retrouve toute seule...

— J'y crois pas ! s'exclama Mélanie, indignée. Ne me dis pas que Mary-Kate a bousculé tout son emploi du temps rien que pour aller se balader avec Jake !

— Ce n'est pas si grave... soupirai-je. Elle prendra ses leçons de conduite quand même.

« Mais elle les prendra sans moi, voilà tout ! » pensai-je.

— Quand même, c'est génial qu'elle revoie Jake si vite ! fit Tashema.

— Mmmoui... admis-je. C'est génial.

Effectivement, ça l'était. D'une certaine façon...

9

Mary-Kate

— Jake, tu es vraiment super avec eux ! dis-je.

Caitlin et Tristan s'amusaient comme des petits fous dans le parc. Caitlin avait huit ans et Tristan cinq. Nous venions juste de terminer une partie de basket garçons contre filles. Une grosse glace était prévue pour les gagnants. Alors, bien sûr, les deux équipes avaient fini ex æquo !

— En fait, répondit-il en riant, c'est normal. J'ai le niveau intellectuel d'un enfant de cinq ans ! Et toi ?

— Moi, je ne suis pas sûre d'avoir franchi le cap des huit ans, dis-je sans rire. C'est pour ça que ça colle avec Caitlin !

— Je suis sûre qu'elle t'invitera à sa prochaine soirée pyjamas...

— Et j'irai, crois-moi ! Je cherchais justement une occasion d'étrenner mon pyjama Snoopy.

Jake avançait en dribblant.

— À propos de soirée, je suis invité à ton anniversaire ?

Je devins blême. Comment pouvais-je lui dire que non, il n'était pas invité ? J'avais beau réfléchir, rien ne venait.

— Heuu... Évidemment que tu es invité ! murmurai-je finalement.

— Génial ! dit Jake en riant. J'étais sûr que tu finirais par être raisonnable.

Mon cœur battait à cent à l'heure. Cette fois, je ne pouvais plus faire marche arrière. Mais, après tout, Ashley avait toujours voulu inviter des garçons. Ce ne devait pas être trop difficile de la faire changer d'avis.

Ashley

— Vous êtes en retard, jeune fille ! me dit une femme à l'air renfrogné, quand je débarquai dans la salle de cours de l'auto-école.

Mme Junger – c'était son nom – était debout devant la classe.

— Quel est votre nom ? demanda-t-elle.

— Je m'appelle Ashley, et je suis désolée d'être en retard, dis-je avec mon plus charmant sourire. Ma mère et moi étions coincées dans les bouchons.

— Faites en sorte que ça n'arrive plus et asseyez-vous !

Je me faufilai rapidement jusqu'à ma place. Tout le monde me regardait. Apparemment, j'étais vraiment en retard : ils avaient tous déjà ouvert leur livre.

— Comme je viens juste de l'expliquer, reprit Mme Junger, nous n'avons pas assez de livres pour tout le monde. Il faudra donc vous mettre par deux.

Je fis le tour de la classe pour voir s'il restait une personne susceptible de partager son livre avec moi. Soudain mon regard s'arrêta sur un visage familier. Le type de la soirée de Todd Malone !

— Non, je rêve ! s'exclama-t-il avec son petit sourire ironique. Toi ici ?

— Incroyable, n'est-ce pas ? rétorquai-je.

La prof commença l'appel. J'allais enfin savoir comment s'appelait mon bel inconnu...

— Ben Jones ? appela Mme Junger.

Mon mystérieux inconnu leva la main.

« Pas mal, comme nom... » me dis-je en retenant un sourire. J'allais demander à Ben si je pouvais m'installer à côté de lui mais déjà il se levait pour rejoindre quelqu'un.

— Tu es toute seule ? fit une voix derrière moi.

Je me retournai et vis un type plutôt pas mal. Brun, les cheveux un peu en bataille, avec un T-shirt de la Guerre des étoiles. Enfin, surtout, avec un livre...

— On peut suivre ensemble si tu veux, chuchota-t-il. Je m'appelle Ivan.

— Merci ! Moi, c'est Ashley.

Mme Junger attaqua le premier chapitre : « Les règles de base de la sécurité ».

« Finalement cette journée ne s'annonce pas si mal », me dis-je. Soudain Ivan se mit à renifler. Il fit tant de bruit que toute la classe explosa de rire. Le regard de Ben croisa le mien. « Qu'est-ce qu'il est craquant ! » pensai-je en lui rendant son sourire.

— Désolé, s'excusa Ivan, je suis enrhumé.

— Eh bien, essayez de garder votre rhume pour vous ! répondit Mme Junger.

À partir de ce moment, Ivan ne fit qu'éternuer, renifler et se moucher. J'étais embêtée pour lui, mais franchement, ça n'était pas drôle d'être à côté d'un type aussi bruyant. Impossible de me concentrer sur le cours !

À la fin, Mme Junger décida de nous interroger.

— Voyons... Quelle est la première chose à faire quand on s'installe au volant ?

Quelques mains se levèrent.

— Oui, Janine ?

— Attacher sa ceinture et vérifier le rétroviseur !

— Très bien ! répondit Mme Junger. À quelle distance du croisement faut-il commencer à mettre son clignotant ?

Je levai la main mais Mme Junger interrogea quelqu'un d'autre.

Et là, Ivan commença à se moucher très bruyamment. Toute la classe se retourna. Je tournai discrètement la tête de l'autre côté pour ne pas attraper ses microbes. Il rangea enfin son mouchoir trempé dans sa poche. Berk !

— Ashley ?

En entendant mon nom, je compris que Mme Junger venait de poser une question. Elle commençait d'ailleurs à s'impatienter.

— Puis-je espérer une réponse, mademoiselle ?

À cause d'Ivan, je n'avais même pas entendu la question ! Je ne savais absolument pas quoi dire. Je fixais mon livre, désespérée. Le sujet suivant portait sur le stop. Peut-être avait-elle demandé pendant combien de temps il fallait s'arrêter à un stop ?

— Cinq secondes ? tentai-je.

La classe entière éclata de rire. J'aurais voulu disparaître de la surface de la terre !

Mme Junger grimaça.

— Cinq secondes, Ashley ? Eh bien, c'est exactement le temps que mettra votre examinateur pour ne pas vous donner votre permis le jour de l'examen...

Les rires décuplèrent. Ben était à moitié mort de rire, et moi, j'étais consternée.

Pourquoi Mary-Kate n'était-elle pas là quand j'avais besoin d'elle ? Elle aurait su retourner la situation, elle !

J'attendais avec impatience que Mme Junger change de sujet. Je jetai un coup d'œil à Ben : il me regardait avec compréhension. Je réussis à sortir un petit sourire. Finalement, la journée avait eu ça de bon : je connaissais le nom de mon mystérieux inconnu. Ces cours de conduite s'annonçaient donc plutôt intéressants.

10

Mary-Kate

— C'est dingue, Ashley, m'exclamai-je. Je n'arrive pas à croire qu'elle ait pu te dire ça !

Nous étions à table et Ashley racontait ses débuts à l'auto-école.

— J'espère que je ne l'aurai pas comme prof ! continuai-je.

— Je te le souhaite ! lâcha Ashley. À part ça, j'ai repensé à notre soirée et je me suis dit qu'on pourrait louer un karaoké. Histoire de jouer un peu les pop stars avec nos supertenues... Pour rester dans le thème de la soirée, on choisirait des chansons qui parlent des filles au pouvoir.

— Quel genre de chansons ? demanda notre père.

— Eh bien, tu sais, des trucs du genre « I Will Survive » ou « Être une femme libérée »... Tu en penses quoi, Mary-Kate ?

« Vas-y, Mary-Kate, lance-toi ! pensai-je. C'est le moment ou jamais ! Dis-lui avant qu'elle ne te récite tout le hit-parade. »

— Un karaoké, ce serait top ! m'écriai-je, et ça colle super bien avec nos invitations.

Je cherchai la manière la plus habile d'amener le sujet sur les garçons.

— Mais tu sais ce qui serait à mourir de rire ? Ce serait de voir les garçons faire le karaoké !

— Moui... lâcha Ashley, c'est vrai que ce serait plutôt marrant.

— Tiens, par exemple, imagine Todd chantant une chanson de midinette, ou Mike et Brian dans un duo de hip-hop !

« Allez, Ashley ! pensai-je. Je te tends une perche, prends-là... »

Ashley se mit à rire.

— Ouf ! Dieu merci, nous n'aurons pas à supporter ça ! Je crois qu'écouter Mike et

Brian en stéréo aurait été au-dessus de mes forces !

Je bus une gorgée d'eau. Bon, cette fois-ci, ça n'avait pas marché. Mais la prochaine fois...

— Alors, comme ça, vous allez vous habiller comme des stars ? demanda maman.

— Oui, Mary-Kate et moi, on a repéré quelques trucs super dans mes journaux.

— D'ailleurs, c'est presque dommage qu'aucun garçon ne soit là, dis-je en me tortillant une mèche de cheveux. Tu n'aimerais pas les voir superbien habillés, pour une fois ?

Ashley avait un penchant pour les garçons bon chic bon genre.

Elle bougea sur sa chaise.

— Si, évidemment, mais...

— Tu les vois, gauches dans leurs beaux costumes !

— Oui, mais quand même, je crois qu'une soirée de filles reste la meilleure solution. Tous ces garçons empotés finiraient pas nous mettre mal à l'aise. Alors que là, je suis sûre qu'on va s'amuser comme des folles !

— Mary-Kate, dit maman, c'est toi qui as lancé cette idée de soirée entre filles, et tu as eu gain de cause. Alors il n'y a pas à revenir là-dessus !

— Oui, je sais... répondis-je. C'est juste que... tous ces garçons tirés à quatre épingles... je trouvais ça plutôt marrant. Voilà tout !

— Bon, le problème est réglé ! s'exclama notre mère.

— Vous allez passer une très bonne soirée toutes les deux, ajouta papa en se levant de table.

— J'en suis sûre ! m'exclamai-je d'un ton forcé.

J'étais désespérée ! Comment Ashley pouvait-elle s'accrocher à ce point à cette idée de soirée de filles ? Moi qui pensais la convaincre en un clin d'œil...

Pourtant, il fallait qu'elle change d'avis. C'était vital !

Après le dîner, je suivis Mary-Kate dans le salon pour l'aider à faire sa géométrie.

— Tu es prête pour ton cours de géométrie, Mary-Kate ?

— Oh, zut ! J'ai complètement oublié de te dire... Jake va venir m'aider !

— Et tu as décidé ça quand, je peux savoir ? demandai-je en croisant les bras.

C'était exactement comme si elle venait de me mettre une gifle. Elle ne pouvait pas parler sérieusement !

— Cet après-midi, en rentrant du parc, répondit-elle. J'ai dit à Jake que le contrôle de géométrie m'angoissait et il m'a proposé de m'aider. Je pensais que tu serais contente d'être débarrassée de cette corvée !

J'essayai de ne pas avoir l'air trop agacée.

— Mary-Kate ! J'avais prévu de t'aider ce soir alors que j'aurais pu aller chez Lauren, tu te souviens ?

— Ashley, je suis désolée ! Je n'aurais jamais accepté si j'avais pensé que ça te mettrait dans un tel état. Je me disais au contraire que tu serais contente d'échapper à ta B.A. !

Je regardai Mary-Kate. Probablement qu'elle avait cru bien faire... Mais j'étais quand même furieuse. C'était la deuxième fois que Jake se mettait en travers de ma route aujourd'hui. Et même la troisième si l'on comptait le coup de l'auto-école !

— Je suis vraiment désolée, répéta Mary-Kate.

— Ça va, dis-je en souriant. Je regarderai « Spencer Academy » pendant que vous travaillerez, voilà tout !

À cet instant, on sonna à la porte.

— C'est lui ! dit Mary-Kate tout excitée. Ça va, tu me trouves bien ?

— Tu es parfaite !

Elle bondit et ouvrit la porte. Le visage de Jake s'illumina dès qu'il vit Mary-Kate. Je ne pouvais pas m'empêcher d'être contente pour elle. Le regard de Jake prouvait qu'il avait de vrais sentiments pour elle.

— Bonsoir, Mary-Kate ! Salut, Ashley ! lança-t-il.

— Salut, Jake ! Entre ! lui dit Mary-Kate en le guidant jusqu'au salon.

— Alors comme ça, dis-je, tu fais le prof à ma place, ce soir ? Je suppose que je devrais te remercier...

— Aucun problème ! dit-il en posant son sac à dos. Ne le répète pas, mais j'adore la géométrie !

— Ce type est dingue, je le savais ! s'écria Mary-Kate.

Jake éclata de rire.

— Tu dois être Jake, je suppose ? dit mon père qui venait de surgir derrière nous.

Papa n'avait pas l'air surpris de voir Jake. Mary-Kate les avait donc prévenus qu'il passerait à la maison.

— Bonsoir, monsieur, dit Jake en lui tendant la main, je suis très content de vous rencontrer.

— Moi aussi, répondit-il en jetant un coup d'œil satisfait à Mary-Kate.

— Bon, on va s'y mettre, déclara Mary-Kate.

Elle fit de la place sur la table basse et Jake s'installa sur le canapé. Mon sang ne fit qu'un tour.

— Dites donc, vous n'allez pas travailler là ?

— Ben si, pourquoi ?

— Je voulais voir « Spencer Academy » ! répondis-je en pleurnichant. Vous ne voulez pas plutôt vous mettre dans le bureau de maman ? Comme ça je pourrai regarder la télé sur le grand écran !

Mon père arriva et posa ses mains sur mes épaules.

— Ashley, le salon est quand même plus confortable pour travailler ! Tu peux regarder la télé dans ta chambre, non ?

Je ne savais plus où me mettre. J'étais vexée de m'être fait remettre à ma place devant Mary-Kate et son petit copain.

— O.K. !

Avant que personne ait pu dire quoi que ce soit, je montai dans ma chambre quatre à quatre. J'étais au bord des larmes. D'abord, j'avais raté la soirée chez Lauren, et tout ça pour me faire jeter comme une vieille chaussette par Mary-Kate. Ensuite, je me faisais chasser de mon propre salon ! Quelle injustice !

À peine dans ma chambre, je me jetai sur le lit. J'allumai ma ridicule petite télé portable. L'épisode n'était pas encore commencé.

Le téléphone se mit alors à sonner.

— Bonsoir, dit une voix sur un fond de hip-hop, c'est Wilson ! Je voudrais parler à Ashley ou Mary-Kate, s'il vous plaît.

— Salut, Wilson, c'est Ashley ! Mais d'où est-ce que vous appelez ?

— Je suis à Aspen, sur le tournage d'un clip. Je voulais juste voir avec vous comment avançait notre projet.

— Eh bien, j'ai pensé louer un karaoké avec plein de chansons qui parlent des filles au pouvoir. Vous en pensez quoi ?

— C'est une idée absolument géniale, Ashley ! Je vais finir par croire que tu es douée pour ce genre de job !

— Merci beaucoup, Wilson...

— Et la liste des invités ? Il faudrait me l'envoyer par mail tout de suite.

Je jetai un coup d'œil à mon calepin. La liste n'était absolument pas prête. Le coup de fil de Jake nous avait empêchées d'en parler au petit déjeuner.

— On est justement en train d'y travailler... mentis-je.

— Il me faut cette liste au plus vite. La soirée est dans moins de six semaines ! Je dois l'avoir à mon retour d'Aspen.

Comment faire ? Je n'allais évidemment pas dire à Wilson que, ces temps-ci, je ne passais jamais plus de cinq minutes en tête à tête avec Mary-Kate...

— Pas de problème, dis-je dans un souffle, vous l'aurez.

— Parfait ! Je serai de retour dans deux jours. Je te rappelle quand je rentre.

— D'accord, Wilson ! Merci, à bientôt !

Le téléphone raccroché, je restai là, pensive. J'entendais le rire de Mary-Kate. Si elle passait tout son temps avec Jake, nous n'avions aucune chance de finir cette liste ! Mais moi, je ne voulais pas laisser tomber cette soirée. J'ouvris mon calepin et commençai à regrouper les adresses. Je soupirai. Je n'aurais jamais pensé préparer cette fête toute seule... Mais il y avait urgence et, de toute évidence, il ne fallait pas compter sur Mary-Kate.

Son rire me parvint à nouveau. Je montai le son de la télé.

11

Ashley

— Je n'ai jamais été aussi stressée ! dis-je à Janine, une fille de mon cours d'auto-école.

Janine, mon bel inconnu et moi attendions ensemble que Mme Junger arrive. Soudain un petit véhicule blanc estampillé d'un énorme « Auto-école-Débutant au volant » s'arrêta devant nous.

— Pendant qu'ils y sont, lança Ben, ils devraient mettre « Chauffard au volant ! ».

Janine et moi riions encore quand Mme Junger descendit de voiture. Elle nous adressa un regard glacial.

— Riez, riez, mesdemoiselles, on verra si vous allez rire longtemps !

Elle prit les clefs sur le tableau de bord et les agita.

— Bon... Qui passe en premier ? marmonna-t-elle en fixant son bloc-notes.

J'étais terrifiée. Ben et Janine n'en menaient pas large non plus.

— Ashley ? reprit-elle. Tu prends le volant !

Elle me flanqua les clefs dans la main. Instantanément mes jambes devinrent molles comme du coton. Mme Junger s'installa à la place du passager. Ben et Janine montèrent à l'arrière.

— Ne t'inquiète pas, murmura Ben, tu vas t'en sortir comme un chef !

Je m'assis à la place du conducteur et regardai Mme Junger.

— Qu'est-ce que tu dois faire en premier ? demanda-t-elle.

En premier, en premier... Comment pouvais-je me rappeler des choses à faire en premier alors que j'étais paniquée ?

— Heu... Ceinture de sécurité et rétroviseur ! m'exclamai-je.

Je mis ma ceinture et réglai le rétro.

— O.K. Bon, maintenant, tu mets le

contact ! m'ordonna Mme Junger. Et tu poses ton pied droit sur la pédale de frein.

Je m'exécutai. Je serrai le volant si fort que mes doigts devinrent tout blancs.

— Clignotant à gauche, un coup d'œil au rétroviseur, et tu démarres doucement.

« Inch Allah ! » pensai-je.

Avec d'infinies précautions, je levai mon pied de la pédale de frein et appuyai sur l'accélérateur. La voiture bondit en avant. Je poussai un cri perçant. Janine hurla et Ben se contenta de rire nerveusement.

— Freine ! glapit Mme Junger.

J'appuyai sur la pédale de frein et nous fûmes de nouveau projetés en avant. Ma ceinture m'avait coupé le souffle et j'avais les cheveux en pleine figure.

— Je t'ai dit « doucement », siffla Mme Junger entre ses dents.

— Je suis désolée. Je n'ai pas l'habitude.

Mme Junger soupira avec insistance.

— Ça va aller, ça arrive à tout le monde. On s'y remet ?

Je n'en revenais pas ! Pour la première fois, Mme Junger disait quelque chose de gentil !

Cette fois-ci, j'appuyai doucement sur l'accélérateur et la voiture avança tranquillement sur le parking. Ensuite, il me fallut un peu de temps pour trouver le bon dosage entre les freins et l'accélérateur.

Mme Junger me demanda de tourner à droite. Je regardai sagement des deux côtés de la route et tournai. Tout à coup, je me retrouvai du mauvais côté de la voie ! Heureusement, l'auto-école était située dans un coin tranquille et il n'y avait personne sur la route. Mme Junger vint à mon secours et tourna doucement le volant vers la droite.

— On y est ! Maintenant tu vas jusqu'au prochain croisement et tu recommences. Doucement !

Je roulai très lentement jusqu'au tournant et mis mon clignotant.

— On va prendre ma rue ! s'exclama Ben. C'est ma maison, là, juste au coin !

Il désigna une grande maison bleue. Je regardai la maison tout en accélérant et... ce qui devait arriver arriva. Nous fonçâmes tout droit dans la grosse boîte aux lettres.

— Freine, bon sang ! hurla Mme Junger.

J'appuyai sur le frein de toutes mes forces en hurlant. En vain ! Nous percutâmes de plein fouet la boîte aux lettres. La boîte aux lettres de la maison de Ben...

Je baissai la tête.

— Je suis désolée...

Mme Junger avait les deux mains crispées sur le tableau de bord. À l'arrière, Ben était littéralement mort de rire. Quant à Janine, elle était livide !

Mon pied était encore scotché au frein mais je n'osais plus faire le moindre geste. C'était inimaginable... Un accident ! Dès ma première leçon de conduite !

— Fais marche arrière et dégage-toi de là, marmonna Mme Junger.

Les larmes me montèrent aux yeux, mais je finis par trouver le levier de vitesse. Je garai la voiture et tout le monde descendit.

Quel cauchemar ! La boîte aux lettres de Ben était toute cabossée. Mme Junger nous abandonna pour présenter ses excuses chez Ben.

— Ça va aller ? demandai-je à Janine.

— Ça va, ça va !

Elle commençait à reprendre des couleurs.

— Ben, je suis navrée, vraiment, dis-je. De toute façon, je vous rembourserai.

Ben arrêta de rire et me fixa. Ses yeux brillaient.

— Ashley, sans rire, tu n'as jamais pensé à faire du stock-car ?

— Non, répliquai-je en croisant les bras. Toi, en revanche, tu devrais t'inscrire au championnat des blagues ringardes !

Ben cligna des yeux, apparemment touché, mais il finit par sourire. Wahou ! Je n'en revenais pas. Je lui avais cloué le bec ! Mary-Kate aurait été fière de moi.

En revenant, Mme Junger demanda à Ben de prendre le volant. Puis ce fut le tour de Janine et tout se passa très bien. Mme Junger nous ramena ensuite devant l'auto-école. Nous commençâmes à discuter tous les trois.

— Eh bien, dit Ben, on peut dire que cette leçon était, disons... intéressante !

— Et marrante en plus ! continua Janine. Tant qu'à faire, je préfère que cela me soit arrivé avec vous !

— Merci ! murmurai-je. Moi aussi, j'étais contente d'être avec vous.

— Tiens, j'y pense ! s'exclama Janine. Vendredi, je fais une fête sur le bateau de mon père. Vous devriez venir tous les deux !

J'hésitai pendant un moment. Et Mary-Kate ? Nous n'allions jamais à une soirée l'une sans l'autre. Elle voudrait peut-être venir avec moi. Encore qu'elle avait probablement prévu quelque chose avec Jake pour le week-end... Après tout, pourquoi n'aurais-je pas mes propres plans ?

— Ce sera avec plaisir ! répondis-je.

— Moi aussi, dit Ben en me regardant. Je passe te chercher en voiture si tu veux ? Enfin, avec mes parents, je veux dire...

— Tu crois vraiment qu'ils emmèneront la fille qui a démoli leur boîte aux lettres ? demandai-je à Ben en haussant les sourcils.

— Ce sont des gens très charitables, m'assura-t-il. Alors, c'est d'accord ?

— C'est super ! s'enthousiasma Janine. On dirait un premier rendez-vous !

— C'en est un ? fis-je à Ben en plongeant mon regard dans le sien.

Ben se recroquevilla un peu sur lui-même :

— Oui ! Enfin, si ça te va, bien sûr.

— Ça me va très bien !

Mary-Kate

Jake me raccompagnait à la maison après un après-midi entier passé à faire nos devoirs et à nager. La radio était réglée sur notre station préférée. Je ne m'étais jamais sentie aussi bien ! Le vent soufflait dans mes cheveux et j'étais aux côtés du garçon le plus mignon du lycée. Dommage qu'il n'y ait eu personne aux fenêtres pour me voir !

— Au fait, m'exclamai-je, merci pour le coup de main en géométrie !

— Crois-moi si tu veux, mais ça m'amuse de t'aider !

— Si tu le dis...

Je savais qu'il disait vrai. Les quelques fois où nous avions travaillé ensemble avaient vraiment été géniales. Il m'avait fait rire tout le temps et, bizarrement, ça m'aidait à retenir les choses.

— Tu me remercieras en dansant avec moi pour ton anniversaire, dit Jake alors qu'il s'engageait dans ma rue.

J'avalai de travers. Il fallait absolument que je décide Ashley à changer d'avis. Et vite, en plus ! J'avais déjà trop traîné, je n'en pouvais plus de mentir... Jake me déposa et je l'embrassai rapidement.

Je rentrai à la maison et claquai la porte derrière moi. Il fallait prendre le problème de front. C'était d'ailleurs ma façon de faire habituelle.

Je m'arrêtai un instant devant la porte de la chambre d'Ashley. Je respirai un grand coup. Qu'est-ce que j'allais lui dire ? Puis je frappai à la porte et entrai.

Elle était assise à son bureau. La musique était si forte qu'elle ne m'entendit pas arriver.

— Ashley ! hurlai-je.

— Tu es folle ! dit-elle en sursautant. Tu m'as fait une de ces peurs... !

— Désolée !

Je baissai le volume de la chaîne.

— Il faut que je te parle, repris-je.

— Qu'est-ce qui ne va pas ?

— Rien, rien... Tout va bien, dis-je en m'asseyant sur son lit.

Je croisai les jambes, puis les décroisai en me tordant les mains. Je me redressai d'un coup.

— Voilà. J'ai repensé à cette histoire de soirée de filles. Eh bien, j'ai changé d'avis. Je pense qu'on devrait inviter des garçons à notre fête.

Il y eut alors un long silence. Le visage d'Ashley était méconnaissable. Elle avait l'air furieuse.

— Tu te moques de moi ou quoi ? cria-t-elle en repoussant sa chaise. Tu te fiches de cette fête depuis le début, et maintenant, tu me sors un truc pareil ?

— Attends une seconde... Moi, je me fiche de cette soirée ? Tu veux dire que je n'ai rien fait ?

— Tout ce que tu as fait cette semaine, c'est penser à Jake ! À Jake, à Jake et encore à Jake !

Elle hurlait son nom chaque fois un peu plus fort.

— Tu as passé tout ton temps avec lui

sans nous laisser la moindre chance de discuter de la soirée !

J'étais abasourdie. J'avais quand même aidé à dresser la liste des invités. On avait décidé ensemble comment on allait s'habiller et j'avais suivi la conversation karaoké de bout en bout !

Ashley se rassit à son bureau et me tourna le dos.

— Excuse-moi, Mary-Kate, mais on ne change pas le principe de la soirée. Pas après tout le mal que je me suis donné pour l'organiser !

— Écoute-moi, Ashley !

Je me rapprochai d'elle pour la regarder dans les yeux.

— Quand on était au parc, Jake et moi, l'autre fois, commençai-je...

— Tu sais quoi ? Je m'en fiche complètement ! J'ai fait la liste des invités toute seule et je l'ai envoyée à Wilson. Et sur cette liste, il n'y a que des noms de filles ! Donc, il n'y a plus rien à faire.

— Tu as fait quoi ? repris-je. Comment as-tu pu envoyer cette liste sans même me la montrer !

— Vraiment, Mary-Kate, ironisa ma sœur, je suis désolée ! Mais si tu n'avais pas été aussi occupée avec Jake, je t'aurais sûrement demandé un coup de main...

— Je sais pourquoi tu as fait ça ! C'est simplement parce que moi j'ai un petit copain et que toi tu n'en as pas... Alors une soirée entre filles, ça t'arrange !

Ashley sursauta comme si on venait de la gifler. Elle se retourna. Ses prunelles étincelaient.

— Je n'arrive pas à croire que tu aies pu me dire un truc pareil...

Sa voix se brisa.

— Sors de ma chambre, s'il te plaît !

Je restai là un moment sans bouger. C'était la première fois qu'elle me virait de sa chambre comme ça.

— Je ne plaisante pas, Mary-Kate. Va-t'en !

Sa voix était devenue grave et ferme.

— O.K. ! dis-je en partant.

Et je claquai la porte derrière moi. Deux secondes après, Ashley monta le son de sa chaîne à fond. Je restai devant sa porte et pleurai. Jamais Ashley et moi ne nous étions disputées aussi violemment. Et jamais nous ne nous étions dit des choses aussi graves.

Démoralisée, je retournai dans ma chambre. Les choses pourraient-elles un jour redevenir comme avant entre Ashley et moi ?

12

Ashley

Ce soir-là, je ne pus même pas regarder Mary-Kate en face, et encore moins lui parler. Il régnait à dîner un silence de mort qui désespérait mes parents.

— Alors, Ashley, demanda ma mère comme si de rien n'était, c'était bien, ta première leçon de conduite ?

— Mouais... répondis-je entre mes dents.

Je regardai rapidement Mary-Kate. Il y avait tant de choses que j'aurais voulu lui raconter... La vanne que j'avais envoyée à Ben, l'invitation à la soirée de Janine et, surtout, mon rendez-vous avec le beau, le merveilleux, le mystérieux inconnu de la soirée de Todd Malone !

Mais il était clair que je ne lui dirais rien de tout cela.

— Et toi, Mary-Kate, poursuivit ma mère, comment s'est passé ton après-midi ?

— Je te raconterai plus tard, maman ! Je ne suis pas sûre que tout le monde ici ait envie d'entendre parler de Jake.

— Bon... fit mon père exaspéré. Et cette soirée d'anniversaire, ça avance ?

— Je n'ai pas envie d'en parler !

Mary-Kate et moi avions répondu la même chose au même moment sur le même ton...

— Je peux sortir de table ? dis-je en posant ma serviette sur la table.

— Ashley, tu n'as presque rien mangé ! remarqua ma mère.

— Je mangerai peut-être plus tard, maman.

— D'accord, chérie, tu peux y aller !

Je me suis levée et j'ai traversé le salon sans me retourner. Mais je sentais dans mon dos le regard de Mary-Kate.

— Parfait, Mary-Kate ! dit Mme Junger. Au prochain carrefour, tu tournes à droite.

Nous étions jeudi après-midi et je prenais mon premier cours d'auto-école. Ashley avait raison, cette Mme Junger n'était vraiment pas sympa. Je tenais fermement le volant et j'obéissais à ses directives. Deux filles que je ne connaissais pas discutaient à l'arrière. J'arrivai au carrefour, je regardai des deux côtés et, comme il n'y avait personne, je tournai à droite en accélérant un peu.

— Suis cette route, m'ordonna Mme Junger.

Je commençais à me détendre un peu. Rouler tout droit n'était pas trop compliqué. Je maîtrisais le véhicule et maintenais une vitesse moyenne, mais constante. Je me mis alors à penser aux reproches d'Ashley. Au fait que j'avais passé tout mon temps avec Jake et que je ne l'avais pas aidée à organiser la soirée. En fait, elle avait raison !

— Le stop, Mary-Kate ! Fais attention au stop !

— Hein, quoi ?

À l'arrière, les filles se mirent à hurler. J'appuyai à fond sur le frein mais peine perdue ! La voiture traversa le carrefour à fond de train puis s'immobilisa de l'autre côté de la route.

Je m'effondrai sur le volant. J'avais eu la peur de ma vie.

— Personne n'est blessé ? demandai-je.

Mme Junger gardait les yeux fermés.

— Exactement comme sa sœur ! marmonna-t-elle. Monica, prends le volant, s'il te plaît !

Je ne m'étais jamais sentie aussi minable.

Une fois assise à l'arrière, j'ai repensé à Ashley. J'ai essayé de me mettre à sa place. C'est vrai, j'avais passé beaucoup de temps avec Jake, récemment. L'autre jour, quand nous avions commencé à dresser la liste des invités, je m'étais défilée pour le prendre au téléphone. J'avais encore lâché Ashley pour Jake lors du déjeuner où on choisissait nos fringues.

Je n'avais plus qu'une chose à faire : dire

à Jake qu'il n'était pas invité ! Comme ça, tout s'arrangerait entre Ashley et moi !

— Mary-Kate, salut ! me lança Jake alors que je traversais le hall du lycée.

— Salut !

— Ça va ? demanda-t-il.

Je lui fis signe de venir s'asseoir sur un banc.

— Il faut que je te parle !

— Arrête, tu me fais peur !

J'ai posé ma main sur son bras. Ça n'allait pas être simple ! C'était un peu comme si je le repoussais...

— C'est à propos de ma soirée, tu sais, commençai-je.

« Fais-le vite ! me dis-je. Mais, de toute façon, c'est comme pour enlever un sparadrap. Vite ou pas vite, ça fait toujours mal... »

— Je ne sais pas comment te le dire, alors tant pis, je me lance. Je ne peux pas t'inviter à ma soirée.

— Ah bon... dit-il, visiblement troublé. Et pourquoi ?

— Écoute, Ashley et moi, on avait décidé de faire une fête entre filles. Mais comme je voulais vraiment que tu viennes, je t'ai invité quand même. En me disant que j'arriverais à la faire changer d'avis...

— Et tu n'as pas réussi, termina Jake.

— Non, rien à faire ! Et maintenant, nous sommes superfâchées à cause de ça. Il vaudrait mieux que je renonce à t'inviter si je veux que les choses se calment un peu entre nous.

— Ne t'inquiète pas ! murmura Jake. Ce n'est pas si grave, je comprends. Mais j'aimerais quand même bien qu'on fasse quelque chose ensemble pour ton anniversaire, si tu veux. Un autre soir, peut-être ?

— Ça serait super, dis-je en lui prenant la main. Et avant que j'aie pu réaliser quoi que ce soit, Jake était en train de m'embrasser ! J'étais comme paralysée, mais j'ai essayé d'incliner ma tête et de fermer les yeux. Et ça a marché !

Ce fut un baiser de rêve ! Un truc à vous faire monter au ciel sans escale ! Maintenant, je savais ce qu'était un vrai baiser...

Ce soir-là, en rentrant à la maison, je suis montée direct à la chambre d'Ashley. Je ne pouvais plus attendre, il fallait que tout soit clair entre nous. J'ai frappé à la porte, mais elle n'était pas là.

Un peu déçue, je suis redescendue. Mes parents étaient dans le salon, en train de regarder le journal télévisé.

— Où est Ashley ? dis-je en m'installant sur l'accoudoir d'un fauteuil.

— Elle est allée à une soirée, répondit ma mère.

— Une soirée ?

J'essayai de digérer ce que ma mère venait de dire. Ashley était allée à une soirée et elle ne m'en avait même pas parlé ! Ma mère s'écarta un peu de mon père pour mieux me voir.

— Je suis surprise qu'elle ne t'en ait pas parlé. Elle n'a que ça à la bouche depuis deux jours !

— C'est quoi, cette soirée ? demandai-je en m'effondrant sur le fauteuil.

— C'est chez sa copine Janine. Mais tu es sûre qu'elle ne t'a rien dit ?

— Non, je ne savais même pas qu'elle avait une copine qui s'appelait Janine, bougonnai-je. Vous l'avez accompagnée ?

— En fait, non ! répondit mon père en

s'étirant. Un garçon est passé la prendre en voiture avec ses parents. Ben, je crois. Un gentil garçon, d'ailleurs...

— Hein, quoi ? hurlai-je. Elle avait un rendez-vous ?

Cette fois, je craquai complètement. Ashley avait un copain et elle ne m'en avait pas dit un seul mot !

— Hmm, dis-moi, maman, elle l'a rencontré où, ce Ben ?

— Ils sont ensemble à l'auto-école. Elle a dit que c'était le garçon qu'elle avait bousculé à la soirée de Todd.

— Je vois...

L'auto-école ! Je commençai à y voir clair.

— Je sais que vous vous êtes chamaillées mercredi dernier, dit ma mère, mais j'espérais que vous vous étiez réconciliées !

— Ne t'inquiète pas, maman, ça va.

En fait, non, ça n'allait pas. Ashley avait un petit copain, de nouvelles amies et elle était invitée à une soirée sans moi !

J'étais totalement déprimée. Ma sœur m'ignorait. Je l'avais mise de côté pour Jake... J'avais fait de la peine à ma sœur, ma meilleure amie au monde !

13

— Regarde où tu mets les pieds, Ashley, se moqua Ben. Et surtout ne me bouscule pas !

— Tu as mille fois raison de faire attention ! plaisantai-je. N'oublie jamais que je suis une catastrophe ambulante !

Ben sourit. Il me tendit la main et m'aida à sauter sur le pont du bateau. Une fois sur le pont, il garda ma main dans la sienne et je trouvai cela très bien. Ce type était adorable... Et c'était avec lui que j'avais rendez-vous !

— Salut ! C'est super que soyez là ! nous lança Janine.

Des tables garnies de mets et de boissons

attendaient sur le pont, mais l'essentiel de la soirée se déroulait sur le quai. Il était éclairé tout du long et une sono déversait de la musique à fond.

Janine nous servit deux Coca.

— C'est vraiment gentil de nous avoir invités, dis-je.

— Faites comme chez vous. Le quai est à nous pour toute la soirée !

— Janine, tu veux bien venir ? cria un de ses amis. Je ne trouve pas les assiettes.

— Désolée, nous lança-t-elle. Il faut que j'y aille. À tout à l'heure !

— Bon... fit Ben. Ça te dirait de faire un tour jusqu'au bout du quai, histoire de profiter de la vue.

— Tu ne veux pas discuter avec les gens ?

— Non ! En fait, je suis assez sauvage comme garçon.

Nous sommes descendus du bateau et avons longé le quai jusqu'au bout. Là, nous nous sommes retrouvés tout seuls. Je me suis appuyée contre une barrière et j'ai contemplé le reflet de la lune sur l'océan. Tout était parfait. Une soirée géniale avec un garçon sublime, que demander de plus ?

— Je suis vraiment content que tu sois venue avec moi à cette fête, murmura Ben.

— Moi aussi, répondis-je, le cœur battant.

À cet instant précis, je ne désirais plus qu'une chose : qu'il m'embrasse !

Ben s'est rapproché, j'ai fermé les yeux...

Quand nos lèvres se sont touchées, j'ai eu l'impression que le quai se dérobait sous mes pieds. Jamais je n'avais imaginé qu'un baiser était aussi agréable. Nos lèvres s'éloignèrent. Ben avait encore les yeux fermés et un léger sourire. Apparemment, il avait apprécié autant que moi.

— Wahou ! dit-il.

— J'allais le dire...

Nous nous sommes assis sur un banc, ce qui n'était finalement pas plus mal car je tenais à peine sur mes jambes. Maintenant, je comprenais ce que ressentait Mary-Kate pour Jake. Et pourquoi elle avait essayé de changer notre soirée d'anniversaire. Elle ne pouvait pas fêter ses seize ans sans lui !

— Tu penses à quoi ? me demanda Ben.

— Je pensais que j'aimerais vraiment que

tu viennes à mon anniversaire. Tu veux bien ?

Le visage de Ben s'illumina. Son fameux sourire voyou apparut.

— Tant que ce n'est pas « tenue de soirée exigée », je suis O.K. Tu sais, j'ai une réputation à défendre...

— Pas de « tenue de soirée exigée ». Je te le jure !

— Alors ça roule !

Il me prit la main à nouveau et nos doigts s'enlacèrent.

— Merci pour l'invitation !

— Merci à toi d'avoir accepté !

J'étais tellement bien que j'aurais voulu que cette soirée ne finisse jamais ! Mais je mourais aussi d'envie de rentrer à la maison pour tout raconter à Mary-Kate. Notre soirée serait finalement mixte, et nous avions toutes les deux un petit copain !

Mary-Kate

— Mary-Kate, tu dors ? murmura Ashley.

Je l'avais entendue rentrer et j'avais prié pour qu'elle passe me voir.

— Vas-y, raconte ! lui dis-je, impatiente.

Ashley s'assit au bord de mon lit.

— Je suis désolée, tu sais !

Nous avions prononcé les mêmes mots, exactement au même moment.

— Désolée de quoi ? répondit-elle en même temps que moi.

Nous éclatâmes de rire en chœur, et d'un seul coup un énorme poids s'envola de mes épaules.

— Je suis désolée d'avoir été si nulle, commençai-je. Tu as raison, je t'ai laissée te débrouiller toute seule, j'ai passé presque tout mon temps avec Jake. Je... je n'ai pas fait assez attention... à toi.

Ashley remonta ses genoux sous son menton.

— Ne t'inquiète pas, je sais que Jake est important pour toi. Je ne voulais pas être aussi méchante, je t'assure. Tu sais, je suis supercontente pour toi.

— Alors, m'écriai-je, promets-moi qu'on ne se disputera plus jamais comme ça !

— Je te le promets !

Ashley me prit dans ses bras et m'embrassa sur la joue.

— Alors, lançai-je, ce rendez vous ? Raconte !

— Ah, papa et maman t'ont dit ?

— Évidemment, ils m'ont dit ! Mais je veux tout savoir.

Ashley sourit.

— Bon, tu te souviens du garçon mystérieux que j'avais fait tomber à la soirée de Todd ? Eh bien, il s'appelle Ben Jones et il va à l'auto-école aussi. Il est absolument adorable ! Tu sais, Mary-Kate, je suis sûre qu'il te plairait. Il a un supersens de l'humour et...

Son regard se perdit quelque part derrière moi.

— Et quoi ? répliquai-je.

— Il embrasse divinement bien !

— Il t'a embrassée ?

— Oui, murmura Ashley.

L'espace d'un instant, j'ai cru qu'elle allait se mettre à flotter dans les airs.

— Eh ben, dis-je en souriant, ça m'a l'air d'être sérieux !

— Je crois que oui, répondit-elle en s'allongeant à côté de moi. Je me sens tellement bien avec lui. C'est un type génial !

Je soupirai.

— Je n'en reviens pas ! Nous avons rencontré chacune un garçon super pratiquement en même temps. C'est comme si c'était écrit ou un truc du genre !

— Oui, c'est vrai.

Je lui ai tapoté le bras exactement comme maman fait quand elle veut en savoir plus.

— Et je le rencontre quand, ton prince charmant ?

Ashley se retourna vers moi :

— Que dirais-tu d'inviter des garçons à notre soirée, finalement ?

Si j'avais pu hurler sans réveiller mes parents, je l'aurais fait ! Je me suis contentée de sauter du lit et de fixer Ashley, abasourdie.

— Tu te moques de moi ?

— Eh bien quoi ? fit Ashley. C'est bien ce que tu voulais, non ?

Je faillis exploser.

— Oui, c'est ce que je voulais ! Mais ce que tu ne sais pas, c'est qu'après notre dispute, j'ai dit à Jake qu'il n'était plus invité.

— Tu n'as qu'à le réinviter la prochaine fois que tu le vois. Nous aurons une fête mixte et tout le monde sera content !

Je me suis rassise sur le lit et j'ai fixé le plancher.

— Tu as raison, je n'ai qu'à le réinviter et tout le monde sera content. Sauf qu'il va finir par me prendre pour une dingue !

Ashley se mit à sourire.

— Tu te souviens quand on parlait de tout ce qu'on ferait quand on aurait seize ans ?

— Oui, les fêtes, le permis, les fringues et les garçons...

— En fait, je me disais que ça n'allait pas être aussi simple. Avant, tu vois, je pensais que nous ferions toutes ces choses ensemble.

— Mais ça n'est pas le cas ! affirmai-je. Nous n'apprenons pas à conduire ensemble, nous allons à des soirées différentes et nos petits copains ne vont pas dans le même lycée.

— C'est vrai... souffla Ashley, consternée. Tu crois qu'avoir seize ans, ça veut dire aller chacune de son côté ?

Mon sang ne fit qu'un tour.

— C'est hors de question ! lâchai-je.

— Et comment allons-nous nous débrouiller ?

— Il n'y a qu'à faire un pacte !

Ashley écarquilla les yeux, mais j'étais tout à fait sérieuse.

— Je ne plaisante pas, Ashley. Nous savons qu'il nous faudra emprunter nos propres chemins. Mais nous pouvons nous jurer d'être toujours là l'une pour l'autre en cas de besoin !

— Ça me semble bien, approuva Ashley en souriant.

Après ces deux jours de silence, cette conversation était un pur bonheur. Tout était oublié ! J'allais tout expliquer à Jake, il y aurait des garçons à notre anniversaire et nos seize ans seraient les plus géniaux de la terre !

14

Mary-Kate

Lundi midi, à la cafétéria, j'aperçus Jake dans la file d'attente. Je respirai un bon coup. C'était maintenant ou jamais.

Je fonçai vers lui à travers la foule. Mon cœur battait à cent à l'heure.

— Jake !

Il leva les yeux sur moi et son expression changea. Il tourna les talons et s'éloigna. Mon cœur battait à tout rompre. Il essayait de m'éviter !

Je réussis à le coincer juste avant qu'il ne rejoigne ses copains.

— Jake, qu'est-ce qu'il se passe ? J'ai essayé de t'appeler tout le week-end !

— J'étais occupé... grommela-t-il.

— Il faut que je te parle, dis-je en jouant avec mes bagues.

— Désolé, mais je dois y aller.

Il rejoignit la table de ses copains sans un regard pour moi.

Je ne savais plus quoi penser. Tout s'était pourtant si bien passé entre Jake et moi la semaine dernière. Mais aujourd'hui, il faisait comme si je n'existais plus pour lui !

Les larmes me montèrent aux yeux. Je me précipitai dans les toilettes.

— Oh, mon Dieu, Mary-Kate ! s'écria Lauren. Est-ce que ça va ?

J'étais à la bibliothèque quand Britanny et Lauren me retrouvèrent.

— Tu es toute bouffie, chuchota Britanny en me tendant son mouchoir. Qu'est-ce qu'il se passe ? Où étais-tu pour le déjeuner ?

— J'étais aux toilettes, dis-je en séchant mes larmes. J'ai voulu parler à Jake mais il ne m'a même pas regardée.

Je fondis en larmes à nouveau.

— Il m'a carrément... jetée !

— Quoi ! s'écria Lauren. Vous vous êtes disputés ?

— Mais non ! ai-je répondu.

Un « chuuuttt ! » agacé parvint de la table voisine.

— C'est justement ça, le problème ! chuchotai-je. Tout allait bien entre nous jusqu'à vendredi.

— Quel nul ! s'exclama Britanny en se renversant dans sa chaise. Ce type ne te mérite pas, Mary-Kate : laisse-le tomber !

Je haussai les épaules. Jake n'était pas nul. En tout cas il ne l'avait jamais été avec moi. Il fallait juste que je comprenne ce qui l'avait mis dans cet état.

— Qu'est-ce qui aurait pu le fâcher ? demanda Lauren.

— La seule chose qui me vient à l'esprit, c'est la conversation que nous avons eue vendredi à propos de la soirée d'anniversaire.

J'ai serré mon sac contre moi pour y appuyer mon menton.

— Alors tu l'as décommandé ? s'écria Lauren

— Oui, mais il l'a bien pris. Il a dit qu'il

comprenait et tout ça... Et maintenant, il ne veut même plus me parler !

La cloche sonna pour la deuxième fois. Je vis Todd sortir de la bibliothèque et une vague d'espoir me traversa. Todd était un copain de Jake, peut-être saurait-il quelque chose...

— Todd !

— Salut ! Je parie que tu veux me parler de Jake, non ?

— Tu sais ce qu'il a ?

De toute évidence, Todd n'avait pas très envie d'être mêlé à tout ça, mais je n'avais pas le choix.

— J'étais là quand ça s'est passé, soupira Todd.

— De quoi tu parles ?

— Bon. Je te raconte... L'autre fois, j'étais au parc avec John Lee et mon copain Ben. Jake était là et jouait au basket. Alors on a décidé de faire un match deux contre deux, tu vois.

— Oui, mais après, raconte !

— On jouait, Ben et Jake discutaient et ils ont fini par comprendre qu'ils sortaient avec vous deux, les jumelles.

— Tu veux dire que ton Ben, c'est le Ben d'Ashley ? demanda Britanny.

— Oui ! Donc Ben a demandé à Jake s'il allait à votre anniversaire et Jake a répondu que non puisque c'était une soirée entre filles. Et Ben lui a dit qu'Ashley l'avait invité la veille au soir. Alors...

— Alors Jake a pété les plombs !

J'étais désemparée.

— Il n'a pas vraiment pété les plombs, reprit Todd. Il n'a rien dit mais il est parti presque tout de suite.

— Alors, c'est ça qui l'a rendu dingue ! murmura Lauren.

— Il a pensé que je lui avais menti, m'écriai-je. Il a cru que j'avais inventé cette histoire de fête réservée aux filles juste pour ne pas l'inviter.

— Je comprends qu'il soit fou de rage ! s'exclama Britanny.

— Il suffit que tu lui expliques, dit Lauren. Dis-lui tout ce qui s'est passé et puis voilà !

— Et puis voilà ! Encore faut-il qu'il accepte de me parler !

— Bref, c'est un vrai cauchemar ! conclut Mary-Kate.

Elle s'affala sur mon lit, les yeux rivés au plafond.

— Écoute, je suis sûre ça peut s'arranger, dis-je en bonne organisatrice. Tu vas attendre un jour ou deux puis parler à Jake. Là, il est un peu énervé, mais il va se calmer. Tu lui expliques, et tout redevient comme avant.

— Tu crois vraiment ? demanda Mary-Kate.

— Évidemment ! Moi, de mon côté, je vais appeler Wilson, pour qu'il n'envoie pas les invitations tout de suite. On enlève la moitié des filles sur la liste, on ajoute quelques garçons, et le tour est joué !

Le simple fait d'avoir un plan me donna de l'énergie. Je me préparai à appeler Wilson mais le téléphone se mit à sonner. Je décrochai.

— Ashley ? C'est Wilson à l'appareil.

— Wilson, j'allais justement t'appeler !

Il y a quelques trucs dont Mary-Kate et moi voulions te parler, à propos de l'anniversaire.

— Parfait, mais avant de commencer, j'ai de bonnes nouvelles pour vous ! Je suis rentré d'Aspen plus tôt que prévu et j'en ai profité pour envoyer par mail toutes vos invitations.

Je faillis m'étrangler.

Qu'est-ce qui se passe ? fit Mary-Kate.

Je dis à Wilson que j'allais le rappeler plus tard et je raccrochai.

— Mary-Kate, on est mal... Wilson a déjà envoyé les invitations !

— Tu veux dire que, maintenant, on n'a plus le choix, on est obligées de faire une fête de filles... ?

— Pas si on se bouge très vite.

J'ai attrapé ma veste.

— Allez, Mary-Kate, on y va. On va trouver un moyen de rattraper le coup !

Dans la même collection

Mary-Kate and Ashley
Sweet 16

1. Premier baiser
2. Croire à son rêve
3. Un été parfait
4. Route et déroute

Cet ouvrage a été composé par
PCA - 44400 REZÉ

Impression réalisée sur Presse Offset par

BRODARD & TAUPIN

GROUPE CPI

La Flèche (Sarthe), le 16-12-2004
N° d'impression : 26671

Dépôt légal : janvier 2005

Imprimé en France

POCKET jeunesse
12, avenue d'Italie • 75627 PARIS Cedex 13
Tél. : 01.44.16.05.00